Brigitte Wilmes-Mielenhausen

1, 2, 3 komm spiel mit mir

Die schönsten Spiele und Reime
für Kinder von 1 bis 3

CHRISTOPHORUS

Inhalt

1 Jeder Tag ist Spieletag
So spielen die Kleinsten 8

2 Guten Morgen, liebe Sonne
Kleine Kinder erleben den Tageslauf 10

Wickeln und Waschen
Innige Zwiesprache Tag für Tag 12

Alle meine Entchen
Badespiele für die Kleinsten 14

Nach dem Bad
Spiele rund um Cremetopf und Zahnbürste 16

Zu Tisch, zu Tisch
Regeln und Rituale beim Essen 18

Einsteigen, der Zug fährt los
Müde Kinder spielend zu Bett bringen 19

Der Mond ist aufgegangen
Kuschelspiele vor dem Einschlafen 20

3 Kribbel, krabbel, kraule mich
Streichelspiele für Schmusekinder 22

Großer Onkel, kleiner Zeh
Massage für müde und kalte Füße 24

Schleicht ein Schneck im Gras
Streichelspiele für den ganzen Körper 26

Heile, heile Segen
Trostspiele bei Schmerz und Missgeschick 28

4 Hoppe, hoppe Reiter
Kleine Kinder wollen tollen 30

Schau, da kommt die Bimmelbahn
Spiele mit Pappkartons und Stühlen 32

Krabbeltiere im Versteck
Bewegung mit Tüchern, Decken und Kissen 34

Rolle hin, rolle her
Spiele mit Bällen und Luftballons 36

5 ## Punkt, Punkt, Klecks und Strich
Kleine Kinder malen und werkeln 38

Heute bin ich mal ein Bäcker
Kneten, Formen und Gestalten 40

6 ## Nur keine Langeweile!
Spiele für Regentage und lange Stunden 42

Zehn kleine Zappelmänner
Spiele für Warte- und Genesungszeiten 44

7 ## Still und leise
Beruhigungsspiele für unruhige Kinder 46

Wiege, wiege
Sanfte Ruhe durch Bewegung 48

8 ## Mein Geburtstag
Der wichtigste Tag im Jahr 50

Wer spielt mit?
Wenn kleine Gäste kommen 51

9 ## Die Jahresuhr steht niemals still
Es wird Frühling 52

Pitsch, patsch, Wasserspaß
Der Sommer ist da! 54

Wenn die bunten Blätter fallen
Spiele zur Herbstzeit 56

Schneeflöckchen, Weißröckchen
Zur Winter- und Weihnachtszeit 58

Jeder Tag ist Spieletag

So spielen die Kleinsten

Kleine Kinder spielen gern. Wenn wir für ihre Bedürfnisse aufgeschlossen sind, dann dürfte es uns nicht schwer fallen, das richtige Spiel zur richtigen Zeit anzuregen. Denn Kinder signalisieren uns meist, was sie gerade brauchen: Ruhe und Entspannung, Trost und Nähe oder Bewegung und Tobespiele. Dieses Buch möchte Ihnen hierfür zahlreiche Anregungen und Tipps geben. Es knüpft vor allem an alltägliche Lebenssituationen der Kinder an. Sie können aus den Dingen des Alltags im Handumdrehen ein Spielzeug machen: Becher und Dosen aus dem Küchenschrank können geräuschvoll gegeneinander geschlagen oder übereinander gestapelt werden. Aus Decken kann

man eine Höhle oder einen Berg bauen. Und mit Papierresten lässt sich noch viel anfangen.

Ohne große Vorbereitungen können Spiele aus konkreten Situationen heraus improvisiert werden. Mit Decken, mit Kartons, mit Luftballons, mit Bällen und Seilen oder ganz einfach mit den eigenen Fingern. Ganz gleich, ob bei alltäglichen Verrichtungen, wie Waschen, Baden, Zähneputzen, Aufstehen oder Zubettgehen, ob im Zimmer oder im Freien, ob bei Regen oder Sonnenschein, an langen Tagen oder in langen Stunden, ob an einem ganz gewöhnlichen oder an einem ganz besonderen Tag, wie Geburtstag oder Ostern: Jeder Tag ist Spieletag!

Komm mach mit!

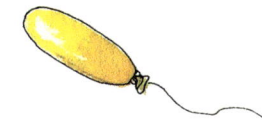

Kinder spielen von Anfang an. Spiel ist für sie die wichtigste Tätigkeit, mit der sie die Welt begreifen, Beziehungen zu anderen aufbauen, sich selbst kennen lernen.

Kinder sind oft so in ihr Spiel vertieft, dass sie die Zeit vergessen, weil sie sich ganz ihrer Tätigkeit und dem Augenblick hingeben. Spiel bedeutet Freude und Lust, es entwickelt Phantasie und Kreativität. Obwohl das Kind beim Spielen viel über sich selbst und die Umwelt lernt, spielt es nie, „um zu lernen". Es spielt aus sich selbst heraus, aus Freude an der Tätigkeit, ohne bestimmten Zweck.

Kinder spielen in jedem Alter anders. Vom Babyalter bis ins zweite Lebensjahr hinein überwiegen die „Funktionsspiele". Kleine Kinder entdecken im Spiel, wie ihr Körper funktioniert und wie sich Gegenstände verhalten. Sie wollen alles anfassen, vieles in den Mund stecken, um es zu „prüfen". Sie wiederholen bestimmte Tätigkeiten unablässig, als wollten sie ihre Funktion immer aufs Neue kennen lernen. So wird der Ball unzählige Male weggeworfen und wiederholt, Türen werden geöffnet und geschlossen, Treppen hinauf- und hinabgeklettert.

Gegen Ende des zweiten, anfangs des dritten Lebensjahres entwickeln sich „Konstruktionsspiele". Das Kind möchte nun etwas schaffen und gestalten. Es baut, stapelt, steckt zusammen, kritzelt, malt und formt. Dabei geht es natürlich noch nicht so zielsicher und geplant vor wie ältere Kinder oder Erwachsene. Der Vorgang des Gestaltens ist meist wichtiger als das Endprodukt.

Mit zunehmendem Alter wird die Fantasie des Kindes immer ausgeprägter. Ein Baustein ist im Spiel kein Baustein, sondern ein „Hund". In der Vorstellung wird ein „Seil" zur „Schlange", ein Sandkuchen wird spielerisch „aufgegessen". Umweltsituationen werden im Spiel nachgeahmt. So spielen schon kleine Kinder „Tisch decken", „Wäsche waschen", „Schlafen" oder „Zeitung lesen", wie sie es bei den Großen beobachtet haben. Im Spiel machen Kinder auch wichtige soziale Erfahrungen. Vielleicht spielen sie zunächst nur mit Mutter und Vater oder mit Geschwistern. Mit zunehmendem Alter knüpfen sie erste Kontakte zu Nachbarskindern oder zu Kindern aus Eltern-Kind-Gruppen.

Wenn Eltern mit ihren Kindern spielen, so gewinnen sie oft ein Stück der eigenen Kindheit zurück. Sehen Sie dieses Buch als eine Orientierungshilfe und Entdeckungsreise in die Welt des Spiels:

🔴 Das Buch gibt die Anregungen. Passen Sie die Spiele der jeweiligen Situation und den Bedürfnissen des Kindes an. Gestalten Sie Spiele um, falls dies notwenig sein sollte.

🔵 Beobachten Sie bei jedem Spiel die Reaktionen des Kindes und seine Signale. Spielt es freudig mit? Oder wendet es sich ab? Hat es eigene Ideen?

🟡 Vielleicht sehen Sie sich selbst im Spiel mit dem Kind als jemanden, der lediglich mitmacht. Die Regie überlassen sie besser dem Kind.

🟣 Bauen Sie Spiele in den Tagesablauf ein (z. B. „Guten-Morgen-Spiel", „Badespiel", „Gute-Nacht-Spiel"). Auf diese Weise erlebt das Kind erste Rituale, die sich einprägen. Der Tag bekommt somit einen bestimmten Rhythmus, der dem Kind Orientierung und Sicherheit schenkt.

🟡 Dabei sind bekannte, häufig wiederholte Spiele besser als ständig wechselnde Angebote.

🔴 Erleben Sie mit dem Kind die Freude beim Spiel und genießen Sie die wertvollen Augenblicke ungeteilter Aufmerksamkeit und Nähe!

„Kleine Künstler"

Wenn Kinder ihre ersten Gestaltungsversuche machen, ist Zurückhaltung geboten. Lassen Sie die Kleinen möglichst ungestört tätig sein. Kinder leben in ihrer eigenen Fantasiewelt. Auch wenn die Hände schmutzig, der Tisch verschmiert, das Malblatt zerknittert und patschnass sein sollte, so ist das „Kinder-Kunst", die Wertschätzung verdient. Versehen Sie die Bilder mit Datum und Alter des Kindes. So haben Sie schöne Erinnerungen.

2 Guten Morgen, liebe Sonne

Kleine Kinder erleben den Tagesablauf

Erst ganz allmählich erfahren kleine Kinder, dass der Tag aus immer gleichen, wiederkehrenden Abläufen besteht: Sie lernen durch Erfahrung, dass man nachts in der Dunkelheit schläft, dass des Morgens die Sonne aufgeht, dass man sich anzieht und wäscht, frühstückt, spielt, isst und schließlich, wenn der Mond schon durchs Fenster schaut, zu Bett geht. Vielleicht noch eine kleine Gutenachtgeschichte und das Licht geht aus.

Es ist wichtig, dass wir von Anfang an darauf achten, dass die einzelnen Stationen des Tages für das Kind deutlich erkennbar sind und sich in einem bestimmten Rhythmus wiederholen. Kinder haben ein starkes Bedürfnis nach solchen Wiederholungen. Sie sind stolz, wenn sie bekannte Abläufe wieder erkennen und nachvollziehen können. Das erleichtert es den Kleinen, sich in der für sie noch recht unübersichtlichen Welt zu orientieren. Auf diese Weise entwickeln sie ein Gefühl von Sicherheit und Vertrauen.

Aufstehen, aufstehen!

Wenn Ihr Kind wach geworden ist und Ihnen zeigt, dass es aufstehen möchte, dann können Sie es mit einem Vers begrüßen: Vielleicht ziehen Sie vorher die Vorhänge auf, so dass ein wenig Tageslicht ins Zimmer scheint.

Guten Morgen
Guten Morgen, guten Morgen,
winken wir uns zu!
Guten Morgen, guten Morgen,
sagen ich und du.
Hallooo, hallooo ...

Sprechen oder singen Sie den Vers und winken Sie dabei mit der Hand, mit einem bunten Tuch oder einer Stoffwindel.

Guten Morgen, guten Morgen,
klatschen wir uns zu!
Guten Morgen, guten Morgen,
klatschen ich und du.
Pitsch-patsch, pitsch-patsch.

Bei der zweiten Strophe klatschen Sie in die Hände und patschen zum Schluss auf die Bettdecke des Kinderbetts.

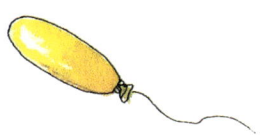

Teddy sagt: „Guten Morgen"

Setzen Sie einen Stoffbären oder ein anderes Kuscheltier wie eine Handpuppe ein, die mit dem Kind spricht.

Hallo, lieber Lucas,
die Nacht ist vorbei.
Gleich geh ich ins Bad,
und dann gibt es Brei.

Teddy begrüßt das Kind durch Winken, streichelt seine Wange, zeigt Richtung Badezimmer, deutet Essen an.

Doch vorher muss ich
die Zähne bürsten,
das Gesicht fein waschen,
den Rücken putzen,
muss kämmen mir mein Bärenfell,
das macht viel Spaß
und geht ganz schnell!
Komm mit mir zum Waschen,
dann bin ich nicht so allein,
du wirst schon sehen,
gleich duften wir fein.

... deutet Zähneputzen an, zeigt auf sein Gesicht, dreht sich um, zeigt den Rücken, streicht sich über Kopf und Körper.

Der Kuckuck ruft

Aufstehen, aufstehen,
der Kuckuck hat geschrien.
Die Sonne scheint durchs Fenster rein,
begrüßt die wachen Kinderlein.
Aufstehen, aufstehen,
der Kuckuck hat geschrien.
Kuckuck-kuckuck-kuckuck!

Imitieren Sie mit Ihrer Stimme einen Kuckucksruf. Dabei können Sie Lautstärke und Tonhöhe immer wieder verändern.

Heraus aus dem Bettchen

Heraus aus dem Bettchen, heraus, heraus.
Die liebe Frau Sonne, die lacht dich sonst aus.
Sie geht schon spazieren im strahlenden Kleid
und fragt sich, wo bleibt denn der Peter bloß heut?
Drum schnell in die Strümpfe, in Hose und Kleid.
Guten Morgen, Frau Sonne, es wird höchste Zeit!
Überliefert

Bei diesem Spiel können Sie das Kind aus dem Bett heben, zum Fenster gehen und den neuen Tag betrachten. Dann geht es weiter zur morgendlichen Körperpflege und zum Anziehen.

Spielbedürfnisse

In jeder Familie ist der Tagesablauf anders. Bieten Sie dem Kind Spiele an, die zur Familiensituation oder zu den spontanen Bedürfnissen des Kindes passen. Vielleicht stellen Sie sich einmal Ihren eigenen Tagesablauf mit dem Kind vor. Was machen Sie beim Aufstehen und Zubettgehen? Welche Rituale mag Ihr Kind am liebsten? Wie können Sie Spiele und Verse in den alltäglichen Ablauf einbauen? Entfalten Sie Ihre eigene Fantasie. Verändern Sie Spiele oder erfinden Sie selbst neue.

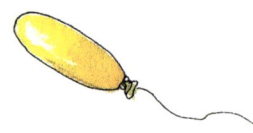

Wickeln und Waschen

Innige Zwiesprache Tag für Tag

Gerade bei kleinen Kindern nimmt die tägliche Körperpflege recht viel Zeit in Anspruch, besonders wenn Kinder noch gewickelt werden müssen. Körperpflege ist aber auch eine Zeit intensiver Nähe, in der eine innige Zwiesprache über Blicke, Gesten und Liebkosungen möglich ist. Dehnen Sie diese Zeiten der Zuwendung ruhig ein bisschen aus. Sie und Ihr Kind können dabei intensive Zweisamkeit genießen.

Hampel und Strampel

Guten Morgen, ihr Beine!
Wie heißt ihr denn?

Über die Beine des Kindes streicheln.

Ich heiße Hampel.
Und ich heiße Strampel.
Ich bin das Füßchen Übermut
und ich das Füßchen Tunichtgut.
Übermut und Tunichtgut
gehen auf die Reise.
Patsch durch alle Sümpfe,
nass sind Schuh und Strümpfe.

Das rechte und das linke Bein
im Wechsel anheben.
Dann beide Füße greifen
und Laufbewegungen
andeuten. Bei „patsch" und
„nass" die Beine zusammen
auf den Wickeltisch stupsen.

Schaut die Katze um die Eck,
laufen alle beide weg.
Überliefert

Betont nach allen Seiten gucken
und mit den Beinen des Kindes
schnelle Laufbewegungen
ausführen.

Heute wird gewaschen
Melodie: Die fleißigen Waschfrauen

Zeigt her eure Füße,
zeigt her eure Schuh.
Und sehet beim fleißigen
Waschen einmal zu:

Wir waschen, wir waschen,
wir waschen das Gesicht,
wir waschen, wir waschen
noch besser geht das nicht.
Zeigt her eure Füße …

Wir waschen, wir waschen,
wir waschen jetzt den Bauch,
wir waschen, wir waschen
der Daniel kann das auch.
Zeigt her eure Füße …

Wir waschen, wir waschen,
wir waschen nun den Rücken,
wir waschen, wir waschen,
das kann uns sehr entzücken.
Zeigt her eure Füße…

Wir waschen, wir waschen,
wir waschen jetzt den Po,
wir waschen, wir waschen,
und das geht so und so.
Zeigt her eure Füße …

Wir waschen, wir waschen,
wir waschen deine Beine,
wir waschen, wir waschen,
und ganz zum Schluss dann meine.
Zeigt her eure Füße …

Wir waschen, wir waschen,
wir waschen jetzt das Haar.
Wir waschen, wir waschen,
dann kommt die Dusche aaaah!

Sprechen oder singen Sie die Verse zu den einzelnen Handlungen beim Waschen. Dabei können Sie die Reihenfolge verändern. Vielleicht fallen Ihnen auch noch weitere Strophen ein.

Eine kleine Schnecke
Eine kleine Schnecke
geht den Berg hinauf.
Eine kleine Schnecke
geht den Berg hinauf.

Zwei Finger gehen an der linken Körperseite des Kindes hoch bis zum Scheitel.

Und dann wieder runter,
und dann wieder runter,
auf den Bauch,
auf den Bauch.
Überliefert

Die Finger laufen rasch an der rechten Körperseite hinab und kitzeln das Kind am Bauch.

Alle meine Entchen
Badespiele für die Kleinsten

Das Baden in der Wanne ist für Ihr Kind mehr als nur Körperpflege. Es ist ein sinnliches Vergnügen, das ihm viel Spaß und Wohlbefinden bereitet. Probieren Sie doch einmal gemeinsam mit Ihrem Kind, welche vielfältigen Möglichkeiten das Element Wasser bietet: Man kann mit den eigenen Händen aufs Wasser patschen, das Wasser schaufeln und Wellen machen. Man kann ins Wasser pusten und blasen oder es durch Strampeln und Treten aufwühlen, als wäre es ein gewaltiges Meer. Man kann es genussvoll über den Körper rinnen lassen. Entdecken Sie mit Ihrem Kind gemeinsam sein Lieblingsbadespiel. Das kann dann bei jedem Bad gespielt werden.

Die Minidusche
Lassen Sie Wasser in leere Plastikflaschen von Shampoo, Kinderbadeöl usw. laufen. Eventuell können Sie die Öffnung der Flaschen mit der Schere vergrößern, damit sich problemlos Wasser einfüllen lässt. Besonders interessant ist es, wenn Sie vorher – etwa mit einer heißen Stricknadel – Löcher in die Unterseite gebrannt haben. So kann das Wasser wie bei einer Dusche aus den feinen Öffnungen herausrinnen. Ihr Kind kann das sinnliche Vergnügen genießen, immer wieder das Wasser über den Körper rieseln zu lassen. Außerdem schwimmen die Flaschen sogar wie ein Floß auf der Wasseroberfläche.

Alle meine Entchen
Alle meine Entchen,
schwimmen auf dem See,
schwimmen auf dem See,
Köpfchen in das Wasser,
Schwänzchen in die Höh.
Überliefert

Patschen Sie zu diesem bekannten Lied mit den Handflächen so auf die Wasseroberfläche, dass es klatscht und spritzt.
Variation: Lassen Sie zu dem Lied einzelne Körperteile des Kindes verschwinden und wieder auftauchen: „Hände, Füße, Finger … in das Wasser, Finger in die Höh" usw.

Tiefseetaucher

Lassen Sie unterschiedliche Gegenstände, die nicht schwimmen können, einen Kieselstein, eine Murmel, eine Puppentasse, einen Schlüssel, auf den Grund der Badewanne sinken. Nun darf Ihr Kind versuchen, die Teile unter Wasser zu finden. Kleine Kinder werden dabei aufrecht in der Badewanne sitzen. Größere Kinder, die schon Schwimmerfahrung haben, dürfen ruhig den Kopf unter Wasser stecken, wenn ein Erwachsener dabei ist.

Variation: Im Gegensatz dazu können Sie Teile auf die Wasseroberfläche legen, die schwimmen können (einen Badefisch, ein Stück Papier, einen kleinen Ball). Schließen Sie nun ein Ratespiel an. Mischen Sie die schwimmenden und nichtschwimmenden Teile. Heben Sie ein Teil nach dem anderen hoch und fragen Sie: „Schwimmt das, oder schwimmt das nicht?" Gleich kann Ihr Kind ausprobieren, ob es richtig geraten hat oder nicht.

Jetzt fahrn wir übern See …

Jetzt fahrn wir übern See, übern See,
jetzt fahrn wir übern See.
Jetzt fahrn wir übern See, übern See,
jetzt fahrn wir übern See.
Mit einem großen Dampfer,
Dampfer, Dampfer, Dampfer,
mit einem großen Dampfer
und gleich legt er an …
Überliefert

Das Wasserpatschspiel

Pitsch, pitsch, patsch,
ein Hund fällt in den Matsch.
Die Gretel, die am Wege sitzt,
die heult, denn die ist vollgespritzt.
Pitsch, pitsch, patsch,
die Gretel ist klitschnass.
Überliefert

Patschen Sie zu dem Spruch gemeinsam mit dem Kind auf die Wasseroberfläche.

Sie können aus Zeitungspapier ein kleines Boot falten oder einen Eierkarton bzw. eine Seifenschale auf die Wasseroberfläche setzen. Wenn Sie den Karton als Boot gestalten möchten, dann kleben Sie eine Pappröhre (von einer Toiletten- oder Haushaltsrolle) als Schornstein in die Mitte. Vielleicht kann auch ein Männchen als Kapitän hineingesetzt werden. Das Boot hält sich einige Zeit auf dem Wasser.

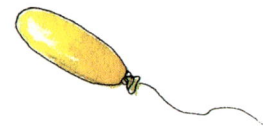

Nach dem Bad

Spiele rund um Cremetopf und Zahnbürste

Malen mit Kindercreme

Punkt, Punkt, Komma, Strich,
fertig ist das Mondgesicht!

Malen Sie mit Kindercreme oder Lotion viele kleine und größere Punkte auf Gesicht, Brust, Bauch und Rücken, die Sie anschließend sanft verreiben. Kinder finden es oft sehr lustig, wenn sie über und über mit Punkten bedeckt sind. Oder Sie malen ein Gesicht auf den Körper des Kindes. Sie können auch ein großes Herz auf die Brust malen, den Namen Ihres Kindes schreiben oder den Satz „Ich liebe dich", um das Gefühl ausdrücken, das Sie Ihrem Kind gegenüber empfinden.

Sanfte Streichelhände

Wenn Sie ein wenig Zeit und Muße haben, können Sie Ihr Kind auch einölen und massieren. Massage-spiele finden Sie in diesem Buch (Seite 26/27).

Jetzt kommt das Handtuch

Mit dem folgenden Reim können Sie das Kind abtrocknen:

Ein Handtuch wollt spazieren gehn,
wohl in die Welt hinein.
Da sah es im Bad ein Kind noch stehn,
das war ganz nass und klein.

Holen Sie ein Handtuch herbei, das Handtuch "schaut" sich das Kind an.

Das Handtuch sprach:
„So geht das nicht,
das Kind ist kalt und friert.
Ich nehme jetzt mal Anlauf gleich,
damit das besser wird."

Formen Sie mit dem Handtuch eine Figur, die mit dem Kind spricht.

Sanftes Cremen

Das Cremen nach dem Bad bedeutet neben der Hautpflege auch intensive Zuwendung. Durch die Berührung können Energien von einem Menschen zum anderen fließen. Das ist wichtig für die emotionale Stabilität des Kindes. Genießen Sie die Zeit ungeteilter Aufmerksamkeit und Zuwendung gemeinsam mit dem Kind! Zum Eincremen gut geeignet sind kalt gepresste Öle, wie Sonnenblumen-, Oliven-, Mandel-, Aprikosen- oder Johanniskrautöl. Darüber hinaus können Sie auch eine Körperlotion oder Gesichtscreme für Kinder verwenden.

Das Handtuch rubbelt
auf und nieder,
und: ratz-fatz, rubbel-di-katz,
ganz geschwind,
schnell wie der Wind,
ist trocken nun das ganze Kind.

Trocknen Sie das Kind
von oben bis unten ab!

Jeden Zahn von oben nach unten
vom Zahnfleisch zum Zahn bürsten – vor allem die Innenflächen
hinter den Zähnen.

Wer will saubere Zähne sehn,
der muss …
Hin und her, hin und her,
das Putzen fällt mir gar
nicht schwer.

Wer will saubere Zähne sehn
Melodie: Wer will fleißige Handwerker sehn?

Wer will saubere Zähne sehn,
der muss mal zum Putzen gehn.
Rundherum, rundherum,
die Bürste, die wird gar nicht krumm.

Die Bürste kreisen lassen.

Wer will saubere Zähne sehn,
der muss …
Auf und ab, auf und ab,
die Bürste, die macht gar nicht schlapp …

Auf den Kauflächen hin und her bürsten.

Wer will saubere Zähne sehn,
der muss …
Spüle fein, spüle fein,
und jetzt spuck ich ins Becken rein.

Den Mund voll Wasser nehmen,
spülen und ausspucken.

Früh mit Zähneputzen beginnen
Gegen Ende des ersten Lebensjahres sollten
Eltern ihrem Kind die erste Zahnbürste kaufen.
Wichtig ist jedoch zunächst noch nicht die exakte
Putztechnik, sondern die Gewöhnung an den
regelmäßigen Gebrauch einer Kinderzahnbürste.
Man kann übrigens sehr gut den Teddybären als
Vorbild zum Zähneputzen einsetzen. Demonstrie-
ren Sie mit seiner Hilfe die richtige Putztechnik.

Nägelschneiden
Nägelschneiden macht den Kleinen viel mehr Spaß,
wenn Sie daraus ein Spiel entwickeln. Sagen Sie
beim Schneiden jedes Fingernagels eine Zeile des
folgenden Verses:

Das ist der Daumen,
der schüttelt die Pflaumen,
der hebt sie auf,
der trägt sie nach Haus,
und der kleine Schelm
isst sie alle auf.
Überliefert

Zu Tisch, zu Tisch

Regeln und Rituale beim Essen

Manche Kinder wollen schon mit einem Jahr selbstständig den Löffel zum Mund führen und sind stolz darauf, wenn es gelingt. Ein Kind, das eigenständig essen kann, sollte nicht mehr gefüttert werden! Hin und wieder matschen kleine Kinder lustvoll mit dem Essen herum. Zu große Strenge seitens der Eltern kann Kindern im wahrsten Sinne des Wortes die Lust am Essen verderben. Allzu große Toleranz dagegen führt vielleicht dazu, dass der Spinat auf der Wohnzimmertapete landet. Hier ist dann schon ein klares „Nein" erforderlich. Doch keine Angst: Mit zunehmendem Alter wird Ihr Kind Ihr Vorbild nachahmen und genauso wie Sie bestimmte Regeln und Tischmanieren beachten.

Zu Beginn des Essens können sich alle Familienmitglieder bei den Händen fassen und die Mahlzeit mit einem kleinen Spruch oder Gebet eröffnen. Dieses Ritual unterstreicht das Gemeinschaftsgefühl.

Brei essen

Wir essen heute Brei,
wir essen heute Brei,
wir essen heute süßen Brei,
sü-sa-süßen Brei,
wir essen heute Brei.
Nun kommt ganz schnell herbei!

Tischgebet

Jedes Tierlein hat sein Essen.
Jedes Blümlein trinkt von dir.
Hast auch unser nicht vergessen.
Lieber Gott, wir danken dir.
Überliefert

Zu Tisch rufen

Zu Tisch, kommt alle her!
Wir essen alles leer,
wir essen alle Teller leer,
wir essen auch die Schüsseln leer.
Zu Tisch, kommt alle her.
Wir essen alles leer.

Guten Appetit!

Piep, piep, piep, guten Appetit!
Jeder esse, was er kann,
nur nicht seinen Nebenmann.
Piep, piep, piep, ich hab euch alle lieb.
Überliefert

Alle Familienmitglieder fassen sich bei den Händen und bewegen die Arme zum Rhythmus des Verses auf und ab.

Einsteigen, der Zug fährt los

Müde Kinder spielend zu Bett bringen

Kleine Kinder signalisieren uns recht deutlich, wenn sie müde werden. Da werden die schläfrigen Augen gerieben. Da führt jedes kleine Missgeschick gleich zu Tränenausbrüchen. Manche Kinder wollen in solchen Situationen von sich aus ins Bett. Andere hingegen wehren sich dagegen, obwohl sie vor Müdigkeit fast auf der Stelle einschlafen könnten. Besonders, wenn Kinder älter werden, zögern sie den Zeitpunkt des Zubettgehens gern mit allen möglichen Tricks hinaus. Wenn Sie Kinder spielend leicht zu Bett bringen möchten, dann versuchen Sie doch einmal eines der folgenden Spiele.

Zug, Zug, Eisenbahn

Zug, Zug, Eisenbahn,
wer will mit nach Hamburg fahrn.
Hamburg ist ´ne schöne Stadt,
die auch einen Bahnhof hat.
Tsch-tsch-tsch-tsch-tsch-tsch …
Überliefert

Nach dem Abendessen setzt sich der Zug in Bewegung. Die einzelnen Familienmitglieder dürfen einsteigen. Sogar das Baby fährt auf Vaters Arm im Zuge mit. Jetzt geht es Richtung Kinderzimmer. Endstation, alles aussteigen. Nun werden die Kinder mit sanftem Schwung im Bett abgeladen.

Auf der Donau wolln wir fahren

Auf der Donau wolln wir fahren,
wo das Schifflein sich dreht,
und das Schifflein heißt Mama,
und die Mama muss mit.
Auf der Donau wolln wir fahren …
und das Schifflein heißt Felix,
und der Felix muss mit …
Überliefert

Bei diesem Gruppenspiel geht ein Familienmitglied nach dem anderen an Bord: Zunächst beginnt ein Kind. Es geht um den Tisch herum und fordert ein Familienmitglied nach dem anderen auf, einzusteigen und anzufassen. Zum Schluss hat sich eine lange Schlange gebildet, die den Tisch umkreist und sich schließlich Richtung Kinderzimmer bewegt. Dort ist der Hafen. Die kleinen Passagiere steigen aus und klettern in ihre Betten („Rettungsboote").

Der Mond ist aufgegangen

Kuschelspiele vor dem Einschlafen

Genauso, wie der Tag mit einem Ritual beginnt, so ist es auch schön, wenn er mit einem Ritual endet. Auf diese Weise setzen Sie noch einmal einen kleinen Höhepunkt im Tagesablauf, auf den sich Ihr Kind freuen kann. Am Abend sollten Ruhe und Muße im Haus einkehren. Jetzt können sich Eltern und Kinder besonders aufeinander konzentrieren. Wichtig ist jedoch: Wählen Sie möglichst ein bestimmtes Spiel für die Abendstunde aus, das Sie über einen längeren Zeitraum immer wieder anbieten. Dehnen Sie das Gute-Nacht-Ritual nicht unnötig lange aus. Das Zubettbringen soll ja kein aufregendes Unterhaltungsprogramm sein, sondern es soll den Abschied vom Tag erleichtern und den Schlaf vorbereiten.

Teddy erzählt

Nehmen Sie den Teddybären oder ein anderes Kuscheltier und lassen Sie das Tier eine kurze Geschichte vom Tag erzählen! Was hat Ihr Kind erlebt? Können Sie kleine Ereignisse wiedergeben? Mögliche Themen wären: Ich kann schon alleine essen … Ich ziehe mich an … Ich will helfen … Ich sage nein … Ich geh auf mein Töpfchen usw.

Schlaf, Teddy, schlaf!
Melodie: Schlaf, Kindlein, schlaf!

Schlaf, Teddy, schlaf!
Sei stille nun und brav.
Mach deine müden Äuglein zu,
dann schläfst du ein und träumst im Nu.
Schlaf, Teddy, schlaf!

Schlaf, Teddy, schlaf!
Sei stille nun und brav.
Die Sternlein stehn am Himmelszelt
und wachen über Wald und Feld.
Schlaf, Teddy, schlaf!

Schlaf, Teddy, schlaf!
Sei stille nun und brav.
Nimm deinen Peter in den Arm,
er bleibt bei dir und hält dich warm.
Schlaf, Teddy, schlaf!

Sonne, Mond und Sterne

Zu diesem Gute-Nacht-Spiel brauchen Sie vier selbst gebastelte Fingerpüppchen aus Papier (Stern, Wolke, Mond, Sonne), die Sie auf Ihre Fingerspitzen stecken. Sie können aber auch nur die Finger nehmen. Achten Sie beim Spiel darauf, dass Sie betont ruhig und langsam sprechen.

Frau Sonne schaut zum Fenster raus
und sagt: „Jetzt wird es Zeit.
Ich werde gleich mal untergehn,
die Nacht ist nicht mehr weit."

Setzen Sie die Sonne auf den Zeigefinger, lassen Sie
die Sonne erzählen und untergehen.

Kaum ist verschwunden sie im Bett,
da kommt der gute Mond.
Er geht am Himmel nun entlang,
dort wo die Wolke wohnt.

Setzen Sie den Mond auf den Zeigefinger und lassen
Sie ihn am Himmel auftreten.

Die Wolke spricht:
Nun zünde mal die Mondlaterne an!
Lass leuchten sie,
damit das Kind
dich besser sehen kann.

Die Wolke auf den Zeigefinger der anderen Hand setzen.

Der Mond, der macht sein Nachtlicht an,
es leuchtet hell und weit.
Die Sternenkinder freuen sich,
denn jetzt kommt ihre Zeit.

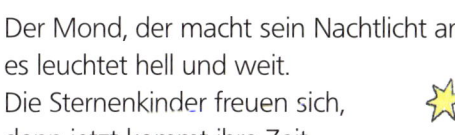

Den Mond an die Nachttischlampe halten.

Ein kleiner Stern, der tritt heran
und sagt dir: „Schlafe ein.
Ich wünsche eine gute Nacht.
Du wirst jetzt müde sein."

Das Sternenkind neben den Mond auf
den Ringfinger setzen.

Nun schlafe fein! …

Abendgebet

Müde bin ich, geh zur Ruh.
Schließe beide Augen zu.
Vater, lass die Augen dein
über meinem Bettchen sein.

Alle, die mir sind verwandt,
Gott, lass ruh'n in deiner Hand!
Alle Menschen groß und klein,
sollen dir empfohlen sein.
Überliefert

Ruhig und entspannt

Leuchtsterne oder eine kleine Notbeleuchtung
im Zimmer helfen, wenn die Dunkelheit als
unangenehm empfunden wird. Ein Kräuterkissen
aus Kamille, Eisenkraut, Hopfenblüten, Thymian,
Steinkleekraut, Melisse und Lavendel (Apotheke)
wirkt entspannend und Schlaf fördernd. Auch
eine Spieluhr kann beruhigen.

Kribbel, krabbel, kraule mich

Streichelspiele für Schmusekinder

Wenn Ihr Kind signalisiert, dass es Nähe und Trost braucht, nehmen Sie es auf den Schoß, sprechen mit leiser, zärtlicher Stimme einen Vers zum Trösten oder singen ein Lied zur Beruhigung. Auch Tragen oder Wiegen wirkt ausgleichend auf die Stimmung. Streichel- und Massage-Spiele tun kleinen Kindern in diesen Momenten besonders gut. Viele Kinder schmusen aber auch ohne besonderen Grund einfach mal zwischendurch.

Die Bürste spricht

Viele Kleinkinder, auch wenn sie einen noch recht dünnen, spärlichen Haarwuchs haben, empfinden das Bürsten mit einem weichen Bürstchen als angenehm, zumal es die Durchblutung der Kopfhaut anregt. Nehmen Sie eine Baby-Bürste oder eine ganz weiche, zarte Erwachsenenbürste. Das folgende Bürste-Spiel kann Ihrem Kind wohltuende Körperempfindungen vermitteln und es zugleich an den Gebrauch einer Haarbürste gewöhnen. Allerdings reagieren nicht alle Kinder gleich. Beobachten Sie Ihr Kind aufmerksam!

Ei, ei, ei,
ich komme jetzt herbei!
Ich bin ein bisschen stachelig,
ich bin ein bisschen kuschelig,
und auch ein bisschen wuschelig,
und mache dich jetzt fein.

Fein, fein, fein!!!

Bürsten Sie in verschiedenen Richtungen zum Rhythmus des Verses.

Viele kleine Krabbelfinger

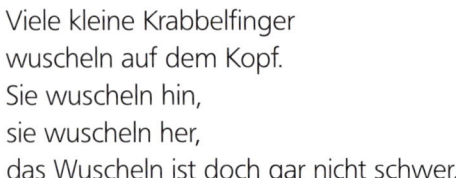

Viele kleine Krabbelfinger
krabbeln auf dem Kopf.
Sie krabbeln hin,
sie krabbeln her,
das Krabbeln ist doch gar nicht schwer.

Viele kleine Krabbelfinger
wuscheln auf dem Kopf.
Sie wuscheln hin,
sie wuscheln her,
das Wuscheln ist doch gar nicht schwer.

Sie können das Spiel mit anderen Berührungen fortsetzen: Viele kleine Krabbelfinger pieksen, klopfen, streicheln …

Der Flohspaziergang

Melodie: Hänschen klein, ging allein

„Ich fange einen Floh, und das geht so!"

Schnappen Sie mit Daumen und Zeigefinger in die Luft, als hätten Sie soeben einen Floh gefangen.

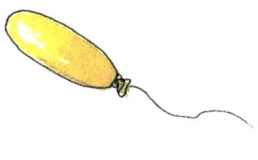

Flöhchen klein,
sprang allein,
auf den Kopf
von Hänschen klein,
sprang geschwind,
wie der Wind,
ärgerte das Kind.

Mit Daumen und Zeigefinger auf den Kopf des Kindes „springen" und auf dem Kopf herumhüpfen.

Krabbelte in einem fort,
krabbelte von Ort zu Ort.
Da besann sich das Kind,
fing den Floh geschwind!

Mit den Fingerspitzen sanft auf dem Kopf des Kindes hin und her wandern. Das Kind schnappt die Hand des Erwachsenen und fängt „den Floh".

Es regnet

Es regnet, es regnet,
es regnet seinen Lauf …
und wenn's genug
geregnet hat,
und wenn's genug
geregnet hat,
dann hört es wieder auf.

Die Fingerspitzen des Erwachsenen trommeln sanft auf dem Kopf des Kindes herum, bis es „genug geregnet hat".

Jetzt kommt der Wind,
der Wind … geschwind.
Überliefert

Pusten Sie bei dem Wort „Wind" kräftig über die Haare des Kindes.

Streichelspiele für den Kopf

Aus gutem Grund streicheln wir Kindern, die müde sind, die Trost und Hilfe brauchen oder einfach nur kuscheln möchten, zärtlich über den Kopf. Und in der Tat ist das „Hände auflegen" Bestandteil vieler religiöser oder heilender Riten. Dabei müssen die Hände nicht unbedingt still auf dem Kopf des Kindes ruhen. Sie können mit der Handfläche sanft übers Haar streicheln, mit den Fingerspitzen auf der Kopfhaut spazieren gehen oder dem Kind behutsam durch die Haare wuscheln.

Großer Onkel, kleiner Zeh

Massage für müde und kalte Füße

Ihr Kind ist viel gelaufen, es hat überanstrengte, müde oder kalte Füße – dann empfiehlt sich eine kleine Fußmassage. Leider werden die Füße immer wieder sträflich vernachlässigt. Dabei spiegeln sich in bestimmten Punkten oder Zonen des Fußes wichtige Organe und Funktionsbereiche des Körpers energetisch wider. Sicherlich kann man nicht einfach ohne entsprechendes Fachwissen solche Reflexzonen bearbeiten. Die folgenden Spiele für die Füße hingegen wirken sich generell positiv auf Körper und Wohlbefinden aus. Hier kann niemand etwas falsch machen.

Familie Fuß

Einen stillen Gruß, sagt Familie Fuß.
„Guten Tag", sagt Papa Hans.
„Grirzi", sagt die Mama Kranz.
„Hallo", sagt der Bruder Franz.
„Servus", sagt die Schwester Gans.
„Da-da", sagt der kleine Panz.

Fassen Sie nacheinander die Zehen des rechten Fußes und bewegen Sie die Zehen sanft aus dem Grundgelenk auf und ab.

Einen stillen Gruß, sagt Familie Fuß.
„Guten Tag", sagt Onkel Fritz.
„Grirzi", sagt die Tante Dix.
„Hallo", sagt der Vetter Mix.
„Servus", sagt Cousine Trix.
„Wau-wau", sagt der Dackel Pix.

Wiederholen Sie die Bewegungen am linken Fuß.

Es grüßt Familie Fuß

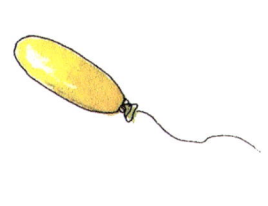

Füße streicheln
Melodie: Alle meine Entchen

Alle meine Hände
streicheln jetzt den Fuß,
streicheln jetzt den Fuß.
Bringen jetzt dem Papa
einen lieben Gruß.

Streicheln Sie über die Fußsohle des Kindes. Benennen
Sie bei jeder Strophe ein Familienmitglied, das sie
grüßen möchten.

Alle meine Hände
klopfen jetzt den Fuß,
klopfen jetzt den Fuß,
bringen jetzt der Mama
einen lieben Gruß.

Klopfen Sie die Fußsohle.

Alle meine Hände
drücken jetzt den Fuß,
drücken jetzt den Fuß,
bringen jetzt dem Thorsten
einen lieben Gruß.

Drücken Sie bei jedem Zeh auf den Zehennagel.

Alle meine Hände
trommeln auf dem Fuß,
trommeln auf dem Fuß,
bringen jetzt der Lea
einen lieben Gruß.

Trommeln Sie auf die Fußsohle.

Alle meine Hände
wringen aus den Fuß,
wringen aus den Fuß,
bringen unserer Katze
einen lieben Gruß.

Umfassen Sie den Fuß mit beiden Händen und
bewegen Sie die Hände gegeneinander, als würden
Sie Wringbewegungen ausführen.

Barfuß laufen ist gut für die Füße
Lassen Sie Kinder immer wieder barfuß laufen,
z. B. auf Sand, Steinen, Wiese, Moos und Blättern.
Sie können auch einen Barfußweg im Zimmer
legen (z. B. aus Fell, Seilchen, Teppichfliesen,
Muscheln …).

Schleicht ein Schneck im Gras

Streichelspiele für den ganzen Körper

Es gibt Zeiten, die sich besonders für zärtliche Massage- und Schmusespiele eignen – nach dem Baden oder in der Mittagspause, vor dem Einschlafen, im Sommer im Garten unter einem schattigen Baum. Wichtig ist, dass Sie sich selbst dabei ruhig und entspannt fühlen. Ihre eigene Konzentration und Ruhe überträgt sich auf Ihr Kind. Welche Form der Berührung gefällt Ihrem Kind am besten? Einige Kinder haben mit der Zeit ein besonderes Lieblingsspiel. Sie quietschen vor Freude und Erwartung. Andere hingegen verhalten sich eher gleichgültig oder reagieren mit Abwehr. Sollte Ihrem Kind ein Spiel nicht zusagen, probieren Sie ein neues aus.

Für zurückhaltende oder müde Kinder sind eher aufmunternde, anregende Spiele (wie „Backe, backe, Kuchen" oder „Die schnelle Schnecke") geeignet, für aktive oder sehr muntere Kinder beruhigende Spiele (wie „Ei, wie langsam").

Beruhigende Berührungen
Nehmen Sie sich zu dieser Massage besonders viel Zeit. Sprechen Sie langsam und beruhigend. Die Berührungen sollen wie in Zeitlupe ablaufen. Spüren Sie bei den einzelnen Handbewegungen Ihren eigenen Atem. Das Kind sitzt oder liegt entspannt auf dem Rücken. Diese Streichelmassage eignet sich übrigens auch gut für die Zeit vor dem Einschlafen.

Ei, wie langsam
Ei, wie langsam schleicht die Schlange,
streichelt zart die kleine Wange.
Ei, wie langsam kriecht die Spinn,
streichelt zart das kleine Kinn.
Ei, wie langsam gähnt das Mäuslein,
streichelt zart das kleine Bäuchlein.
Ei, wie langsam grunzt das Schwein,
streichelt zart das kleine Bein.
Ei, wie langsam kriecht die Made,
streichelt zart die kleine Wade.
Ei, wie langsam schleicht das Reh,
streichelt zart den kleinen Zeh.

Streicheln Sie nacheinander: Wange, Kinn, Bauch, Bein usw. Bearbeiten Sie dabei stets beide Wangen, beide Beine, beide Waden, damit keine Körperseite zu kurz kommt.

Ei, wie müde ist die Schneck,
kriecht ganz langsam in die Eck.

Bei dem Wort „müde" streicheln Sie noch einmal von oben nach unten über den ganzen Körper mit einer einzigen großzügigen Bewegung!
Variation: Sie können das Kind anstatt mit den Händen mit einem leichten Seidentuch oder einer Feder streicheln.

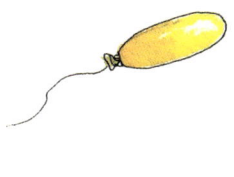

Anregung und Aufmunterung

Ihr Kind liegt auf dem Rücken. Das Körperspiel beginnt betont langsam, fast wie in Zeitlupe. Bei der zweiten Strophe steigert sich das Tempo abrupt. Dieser überraschende Tempowechsel wirkt anregend und aufmunternd. Viele Kinder müssen schallend lachen und fordern immer neue Wiederholungen.

Schnelle Schnecke

Ei, wie langsam,
ei, wie langsam,
schleicht der Schneck
im Gras daher!

Greifen Sie sich die Beine des Kindes und führen Sie betont langsame Strampelbewegungen aus.

Potz!
Da wollt ich schneller laufen,
wenn ich so ein Schnecklein wär.
Überliefert

Bei dem Wörtchen „potz" steigern Sie abrupt das Tempo, als wollte die Schnecke weglaufen.

Geht ein Mann …

Geht ein Mann die Treppe rauf,
klopft an,
bimm - bamm.
Guten Tag, Herr Nasemann!
Überliefert

Ihre Finger laufen über den Körper des Kindes in Richtung Kopf, sie klopfen vorsichtig auf den Kopf, ziehen am Ohrläppchen des Kindes, fassen das Kind an der Nase und kitzeln es.

Massage zum Munterwerden

Klopfmassagen wirken aufmunternd und belebend. Sie sind für Kinder geeignet, die ein wenig Anregung benötigen. Durch das rhythmische Klopfen wird die Durchblutung der Haut aktiviert. Meist wirkt die Massage muskulär äußerst entspannend. Bei vielen Kindern entsteht ein Gefühl von Wohlbehagen. Das Kind liegt auf dem Bauch. Klopfen Sie mit den Fingerspitzen oder den Handflächen sanft über die Haut, von den Füßen aufwärts Richtung Kopf.

Backe, backe, Kuchen

Backe, backe, Kuchen,
der Bäcker hat gerufen.
Wer will schönen Kuchen backen,
der muss haben sieben Sachen:

Bei den Füßen beginnend, Körper des Kindes leicht klopfen.

Eier und Schmalz,
Butter und Salz,
Milch und Mehl,
Safran macht den Kuchen gehl.
Überliefert

Bei den einzelnen Backzutaten die Körperteile gezielt anpatschen, Schulterblätter, Arme, Hände usw.

Heile, heile, Segen

Trostspiele bei Schmerz und Missgeschick

Gerade bei kleinen Kindern sind Missgeschicke und winzige Unfälle durch Stürze oder Stöße an der Tagesordnung. Wichtig ist, dass wir Kinder in ihrem Schmerz ernst nehmen. Allerdings sollten wir nicht übertrieben ängstlich reagieren. Auch bei ernsthaften Verletzungen gilt: Ruhe bewahren und überlegt handeln. Bei manchen Kindern, die sich beispielsweise am Bein gestoßen haben, kann es hilfreich sein, zum Trost andere Körperteile zu drücken oder zu kneten, Kopf und Rücken zu streicheln oder den Nacken zu massieren. Auf diese Weise wird die Aufmerksamkeit von der verletzten Stelle abgelenkt. Allerdings mögen nicht alle Kinder solche „Ablenkungsmanöver". Sie wollen sich ganz ihrem Schmerz hingeben und lehnen Berührungen ab. Häufig sind auch „Wachstumsschmerzen". Hier können Sie durch Streichelmassagen und Trostsprüche ablenken. Unterstützend können Sie homöopathische Mittel anwenden.

Heile, heile, Segen

Heile, heile, Segen,
sieben Tage Regen,
sieben Tage Sonnenschein,
wird bald wieder besser sein.
Überliefert

Streicheln Sie das Kind zu diesem Trostvers.

Das Lämmchen

Mäh, Lämmchen, mäh!
Das Lämmchen lief im Klee.
Es stieß an ein Steinchen,
da tat ihm weh sein Beinchen,
da rief das Lämmchen mäh.

Mäh, Lämmchen, mäh!
Das Lämmchen lief im Klee.
Es stieß an ein Bäumlein,
da tat ihm weh sein Bäuchlein,
da rief das Lämmchen mäh.

Mäh, Lämmchen, mäh!
Das Lämmchen lief im Klee.
Es stieß an ein Stöckchen,
da tat ihm weh sein Köpfchen,
da rief das Lämmchen mäh.

Mäh, Lämmchen, mäh!
Das Lämmchen lief im Klee.
Es stieß an ein Hölzchen,
da tat ihm weh sein Pelzchen,
da rief das Lämmchen mäh.
Überliefert

Streicheln und wiegen Sie das Kind. Je nachdem, ob ihm Bein, Bauch, Kopf oder der ganze Körper wehtut, können Sie auch nur die betreffenden Strophen sprechen.

Ach, das war ein Schreck

Ein Trostspiel für Kinder, die mehr aus Schreck als aus Schmerz weinen. Haben Sie Geduld. Sie können nicht bei jedem Kind und in jeder Situation davon ausgehen, dass der Schreck wirklich „wegfliegt" und plötzlich verschwunden ist. Manche Kinder brauchen noch ein wenig Zeit, um sich zu beruhigen!

Ach, das war ein Schreck
Meck-meck-meck.
Ach wie tut das weh,
Oh-je-mi-nee.
Ach, wie ist das schlimm,
sim-sim-sim.
Ach, da fliegt der Schreck,
da fliegt er weg!

Bei diesem Spiel können Sie das Kind auf den Schoß nehmen und sanft hin und her wiegen. Zeigen Sie in die Luft und deuten Sie an, dass der Schreck „weggeflogen" ist.

Heile, heile, Gänschen

Heile, heile, Gänschen,
es wird bald wieder gut.
Die Katz, die hat ein Schwänzchen.
Nun krieg mal wieder Mut.
Heile, heile, Mäusespeck,
in hundert Jahr'n ist alles weg.
Überliefert

Streicheln und wiegen Sie das Kind zu diesem Vers.

Bäuchlein streicheln

Der Bäcker rührt den Kuchenteig,
ruhig, ruhig.
Der Glaser putzt die Fenster gleich,
ruhig, ruhig.
Die Waschfrau bügelt auf dem Brett,
ruhig, ruhig.
Die Mutter streicht nun glatt das Bett,
ruhig, ruhig.

Streicheln Sie im Uhrzeigersinn um den Bauchnabel des Kindes herum. Dabei kommt es auf Ihre eigene Ruhe an. Verweilen Sie zwischen den einzelnen Zeilen.

Und meine Hände warm und weich,
die streicheln wie der Wind ganz leis,
ruhig, ruhig.

Zum Schluss lassen Sie Ihre Hände still auf dem Bauch des Kindes ruhen.

Bauchschmerzen

Manche Kinder leiden häufig unter Bauchschmerzen. Hier ist es manchmal hilfreich, im Uhrzeigersinn sanft um den Bauchnabel herum zu massieren (beispielsweise mit Kümmelöl), einen feuchtwarmen Umschlag aufzulegen oder einfach die eigene Hand rund um den Bauchnabel des Kindes ruhen zu lassen.

4 Hoppe, hoppe Reiter

Kleine Kinder wollen tollen

Kleine Kinder sind ständig in Bewegung. Egal, ob sie noch krabbeln, robben, kriechen oder bereits laufen können. Sie suchen von sich aus Tätigkeiten, die ihren Bewegungs- und Gleichgewichtssinn und alle anderen Sinne weiterentwickeln. Sie krabbeln oder laufen dem rollenden Ball hinterher, klettern auf Stühle, rutschen schräge Ebenen hinab, schaukeln, wippen oder balancieren. Dabei entwickeln Kinder Vertrauen in die eigenen Kräfte und Möglichkeiten. Schaffen Sie deshalb Bewegungsraum für kleine Turner und Klettermaxen. Gerade in einer Umwelt, die Bewegungsmöglichkeiten für Kinder immer mehr einschränkt, ist dies wichtiger denn je.

Hoppe Reiter

Hoppe, hoppe, Reiter,
wenn er fällt, dann schreit er,
fällt er in den Graben,
fressen ihn die Raben,
fällt er in den Sumpf,
dann macht der Reiter plumps.
Überliefert

Das Kind reitet auf dem Schoß des Erwachsenen. Bei dem Wort „plumps" lässt er es nach hinten „fallen" und auf die eigenen ausgestreckten Beine sinken.

So reiten die Damen

So reiten die Damen,
so reiten die Damen …
So reiten die Herren,
so reiten die Herren …
So reitet der Bauer,
so reitet der Bauer …
Überliefert

Steigern Sie jeweils das Bewegungstempo von den Damen zu den Herren und zu dem ruckelig und ungestüm reitenden Bauern.

Kniereiter

Die guten alten Kniereiterspiele entsprechen dem kindlichen Bedürfnis nach Körperkontakt, Bewegung und Rhythmus. Das Hopsen spricht vor allem den Gleichgewichtssinn an.
Halten Sie Ihr Kind während des Bewegungsspiels locker an den Händen. Es wird versuchen, aufrecht sitzen zu bleiben und das Gleichgewicht immer wieder auszubalancieren.

Schwierigkeiten überwinden stärkt das Selbstvertrauen

Lassen Sie Ihr Kind bei Bewegungsspielen möglichst ungestört. Helfen Sie ihm nicht gleich, wenn es versucht ein Hindernis zu überwinden und ihm dies nicht auf Anhieb gelingt. Wenn es eigenständig die Schwierigkeit meistert, so stärkt diese Erfahrung sein Selbstvertrauen.

Die Zauberschnur

Binden Sie ein langes Seil (Wäscheleine oder Gummiband) an einem Möbelstück oder an einem Baum fest. Halten Sie es so, dass Ihr Kind darunter her krabbeln kann, ohne es zu berühren, und dann so, dass Ihr Kind mühelos hinüber hopsen oder steigen kann. Heben Sie das Seil anschließend in die Höhe. Kann Ihr Kind mit erhobenen Armen das Seil erreichen? Vielleicht muss es danach springen. Oder spannen Sie das Seil kreuz und quer durch den Raum. Ihr Kind kann darunter her krabbeln oder darüber steigen.

In der Gruppe: Alle Kinder verwandeln sich in Tiere. Nun krabbeln Hunde, Katzen oder Schlangen unter dem Seil her. Frösche springen hinüber und Giraffen recken ihre langen Hälse, bis sie das Seil erreichen.

Variation: Die Schnur ist „heiß", eine Zauberschnur. Wer sie beim Krabbeln berührt, wird „verhext" und muss ausscheiden oder erstarrt zu einem Denkmal (für ältere Kinder!).

Figuren aus Wäscheleinen

Legen Sie ein langes Stück Wäscheleine oder Tau auf die Erde. Was kann das sein? Eine Schlange, die über den Boden kriecht? Nun fassen wir beide Enden und legen aus der Schlange etwas Rundes. Das sieht ja aus wie ein Ball. Oder ist es eher ein Osterei? Wie kann aus dem Seil eine Schnecke werden? Ganz einfach: Wir halten ein Ende fest und legen den Rest der Leine in vielen Kreisen rundherum. Lassen Sie der Fantasie Ihres Kindes freien Lauf!

Pferdchen, lauf!

Haben Sie bei Ihrem Kind schon die Vorliebe für Pferdchenspiele beobachtet? Legen Sie ihm ein Seilchen unterhalb der Arme um den Brustkorb. Sie selbst spielen jetzt den Reiter. Umfassen Sie die beiden Seilenden, so dass das Seil straff sitzt, und los geht's in wildem Galopp.

In der Gruppe: Es können mehrere Pferd- und Reiter-Paare gebildet werden. Dieses Gruppenspiel ist allerdings dann nur für Garten, Spielplatz oder Turnhalle geeignet.

Leinen los!

Falten Sie aus Zeitungspapier ein Schiffchen. Binden Sie an das Schiffchen eine etwa 2 m lange Schnur. Nun beginnt das eigentliche Spiel! Das Kind geht oder läuft durch den Raum und das Schiff setzt sich in Bewegung.

In der Gruppe: Dieses Spiel eignet sich auch gut für Kindergeburtstage. Zwei Kinder wickeln jeweils nebeneinander die Schnur des Schiffchens auf eine Rolle (Toilettenpapier-Rolle). Allerdings sollten Sie dies nicht als Wettspiel verstehen. Ganz kleine Kinder haben dafür noch keinen Sinn. – Eventuell können Sie auch für jedes Kind ein Schiffchen bereithalten. Dann laufen mehrere Schiffe aus und der Spaß ist umso größer.

Laufstecken mit Bändern

Binden Sie bunte Bänder (Schleifenbänder, Geschenkbänder oder Streifen aus Stoff) an einem ca. 60 cm langen Stock oder Ast fest. Nun können die Kleinen mit dem Stecken in der Hand nach Herzenslust durch Haus und Garten rennen und beobachten, wie die Bänder lustig flattern.

Schau, da kommt die Bimmelbahn

Spiele mit Pappkartons und Stühlen

Sammeln sie alte Pappkartons verschiedener Größe. Kleine Kinder können sich mit Kartons manchmal einen ganzen Nachmittag beschäftigen, ohne dass Langeweile aufkommt. Auch Tische und Stühle sind Spielzeuge für Bewegungsaktivitäten. Sie werden zu Brücken, Tunneln und geheimnisvollen Höhlen.

Rennauto

Nehmen Sie einen flachen Karton, entfernen Sie den Boden, und schon haben Sie ein Rennauto. Wenn Sie das Fahrzeug noch ein wenig ausgestalten möchten, so schneiden Sie aus Plakatkarton vier Räder aus und kleben jeweils zwei an jede Seite des Kartons. Nun stanzen Sie mit der Schere an jeder Seite noch eine Öffnung für die Hände ein, damit das Kind den Karton während der Fahrt festhalten kann. „Einsteigen, es geht los!" Das Kind klettert in sein „Auto" und saust mit dem Karton in den Händen durch die ganze Wohnung.

Kugelbahn

Schneiden Sie in einen etwa kindergroßen Pappkarton zwei kreisrunde Öffnungen in unterschiedlicher Höhe, in Rückwand und Vorderwand oder in die rechte und linke Seitenwand. Kleben Sie einige Pappröhren, etwa von einer Haushaltsrolle, mit Klebeband zusammen, so dass sich eine längere Röhre ergibt. Führen Sie nun diese Röhre durch die obere Öffnung und dann durch die untere Öffnung des Pappkartons. Wichtig ist, dass eine Schräge entsteht. Sie können auch einen Topf oder eine Schüssel unter den Röhrenausgang stellen. Geben Sie dem Kind dicke Murmeln, Kastanien oder kleine Bälle und lassen Sie es die Kugeln durch die Röhre rollen.

Bäumchen, Bäumchen

Dieses Spiel ist für Kinder geeignet, die gerade anfangen, laufen zu lernen. Mindestens zwei Stühle in den Raum stellen. Je nach Kind sollte der Abstand nicht zu groß sein. Auf einem Stuhl liegt ein interessantes Spielzeug, beispielsweise ein Luftballon. Zeigen Sie Ihrem Kind das Spielzeug und rufen Sie seinen Namen. Gerade Kinder, die den aufrechten Gang noch nicht sicher beherrschen, ziehen sich gern an Möbelstücken hoch und halten sich an ihnen fest. Anschließend versuchen sie vielleicht freihändig, den anderen Stuhl mit dem Spielzeug zu erreichen.

In der Gruppe: Ältere Kinder können das Spiel auch in der Gruppe oder mit mehreren Stühlen ausführen. Dazu rufen Sie: „Bäumchen, Bäumchen, wechsel dich!" Die Kinder sollen dann ihren Stuhl verlassen und sich auf einen anderen setzen.

Bimmelbahn

Machen Sie ein Loch an die Vorderseite eines Kartons und knoten Sie ein Band daran fest. Sie können noch ein paar Kissen in den Karton hineinlegen. Jetzt kann Ihr Kind einsteigen. Achtung! Die Bimmelbahn fährt los. Ziehen Sie das Kind durch die ganze Wohnung. Machen Sie immer wieder einen Zwischenstopp. Aussteigen, nun wird ein Anhänger angehängt! Knoten Sie einen zweiten oder dritten Karton an die Lok und lassen Sie das Kind Stofftiere oder Bausteine ein- und später wieder ausladen.

In der Gruppe: Sind mehrere Kinder an diesem Spiel beteiligt, so können auch ein oder zwei Kinder die Lok ziehen, während ein oder zwei andere Kinder als Fahrgäste durch den Raum bewegt werden.

Stuhlbrücke

Mehrere Stühle hintereinander zu einer Brücke oder einem Steg zusammenstellen (Stuhllehne seitlich) .
Sie können auch Stühle und Bänke in unterschiedlicher Höhe (Fußbank, Kinderstuhl, Erwachsenenstuhl) verwenden. Ihr Kind klettert hinauf und balanciert darüber. Nach einiger Zeit schafft es dies auch ohne Ihre Hilfestellung.

Variation: Legen Sie ein zusammengeklapptes Bügelbrett oder altes Regalbrett auf zwei auseinander stehende Stühle und befestigen Sie es auf beiden Seiten mit einem Seil. Nun kann der Kletterspaziergang beginnen.

Bewegung mit Fantasie

Besonders wenn Kinder längere Zeit nicht ins Freie konnten, ist ihr Bewegungsdrang meist recht ausgeprägt. Bewegungsspiele, die eine bildhafte Spielidee beinhalten, können den Kindern dabei helfen, ihre Kräfte zu konzentrieren und auf ein bestimmtes Ziel zu lenken. „Jetzt bin ich ein schnelles Auto. Oder lieber eine Eisenbahn? Ich flitze durch die Wohnung, aber ich darf keinen Unfall bauen (nirgendwo anecken)." Kinder üben bei solchen Aktivitäten spielerisch Körperbeherrschung und Raumorientierung.

Krabbeltunnel

Stellen Sie 4 bis 6 Stühle in einer langen Reihe hintereinander auf. Ihr Kind lässt einen Ball hindurchrollen und beobachtet, wie er am anderen Ende wieder zum Vorschein kommt. *Spielidee mit Phantasie:* Wir stellen uns den Ball als „Maus" oder anderes Tier vor, das vom Kind („Katze") gefangen werden soll.

Mini-Höhle

Klemmen Sie eine biegsame Matte zwischen zwei Stühle. Schon ist eine kleine Höhle entstanden. Wenn Sie mehrere Matten und Stühle hintereinander stellen, so wird daraus ein Tunnel. Auch ein großer Karton mit „Türchen" kann so zu einer schönen Krabbelhöhle werden.

Krabbeltiere im Versteck

Bewegung mit Tüchern, Decken und Kissen

Mit weichen Sachen beginnt der „Budenzauber" im Haus. Ob „fahrbarer Untersatz", „Piratenschiff" oder „Geheimweg". Decken, Matten und andere kuschelige Sachen dürfen in keinem Kinderzimmer fehlen. Sie machen nicht nur Spaß, sondern sprechen den Tast- und Gleichgewichtssinn und das Bewegungsempfinden an.

Auf großer Fahrt

Breiten Sie ein Bettlaken oder eine Wolldecke auf dem Boden aus, so dass sich Ihr Kind bequem draufsetzen kann. Nun fassen Sie zwei Enden und ziehen das Kind über den glatten Boden. Ihr Kind muss dabei nicht unbedingt sitzen. Es kann auch auf dem Bauch oder Rücken liegen. Während der Fahrt können Sie ein Lied von einem Zug, einem Schiff oder einem Auto singen.

Melodie: „Das Wandern ist des Müllers Lust"
Das Fahren, das ist eine Lust,
das Fahren, das ist eine Lust,
das Fa-ha-ren.
Es muss ein schlechter Fahrer sein,
dem niemals fiel das Sausen ein,
dem niemals fiel das Sausen ein,
das Sa-hau-sen.

Geheimweg

Legen Sie hintereinander und in entsprechendem Abstand zusammengerollte Decken, Kissen, darüber dann ein oder mehrere Bettlaken oder dünne Matten. Auf diese Weise entstehen Berge, Täler und Unebenheiten. Jetzt können die Kinder über den geheimnisvollen Untergrund gehen oder krabbeln.
In der Gruppe: Dieses Spiel ist auch gut als Gruppenspiel geeignet. Bei einem Kindergeburtstag dürfen auf dem Geheimweg ruhig auch einmal Überraschungen, Murmeln und kleine Geschenke versteckt werden.

Krabbeltiere

Dieses Versteckspiel ist schon für die ganz Kleinen geeignet. Der Erwachsene dreht sich um. Das Kind darf sich währenddessen unter ein großes Bettlaken oder eine Decke legen, bis es nicht mehr zu sehen ist. Nun suchen Sie das Kind: „Ja, wo bist du denn?" Das Kind darf einen Ton von sich geben, „piep" oder „wau-wau". Ziehen Sie das Tuch nach einer Weile weg und freuen Sie sich mit einem „Ach, da ist ja der/ die ... wieder!"
In der Gruppe: Alle Kinder laufen oder krabbeln durch den Raum. Nun klatschen Sie in die Hände oder schlagen auf eine Trommel. Jetzt kriechen alle Kinder gemeinsam unter das Tuch.

Balancieren
Gleichgewichtsspiele sind wichtig für die Bewegungsentwicklung Ihres Kindes. Lassen Sie Ihr Kind immer wieder balancieren, gerade auf schmalem oder wackeligem Untergrund.

Natürlich muss es groß genug sein. Eventuell zwei Tücher zusammennähen!
Variation: Sie können auch mehrere Tücher im Raum verteilen, so dass die Kinder paarweise unter ein Tuch krabbeln können.

Piratenschiff

Legen Sie eine Matratze, die Sie zuvor mit einem alten Bettlaken bezogen haben, auf den Boden. Jetzt können die Kleinen nach Herzenslust darüber krabbeln, kriechen, hopsen …
Was ist aber, wenn die Matratze nicht gerade liegt, sondern schräg? Was ist, wenn sie plötzlich zu wackeln beginnt? Zauberei? Keineswegs. Nun ist das Piratenschiff (Matratze) in einen heftigen Sturm geraten. Legen Sie unter eine Seite der Matratze einen oder mehrere Gegenstände (dicke Decken, eine breite Holzkiste), so dass unser Schiff heftig Schlagseite bekommt. Wer kann die Schräge hinauf- und hinuntergehen oder rutschen? Legen Sie nun Tennis- oder Gummibälle unter das Piratenschiff. Wer kann sich auf diesem wackeligen Untergrund noch sicher halten?

Fische fangen

Legen Sie einen Tischtennisball (Fisch) auf ein blaues Tuch oder Laken (Wasser). Das Kind kreist mit der Handfläche über dem Ball.

Ich hab gefischt,
ich hab gefischt,
ich hab die ganze Nacht gefischt
und habe keinen Fisch
erwischt!!!
Überliefert

Bei dem Wort „erwischt" zieht Mutter oder Vater das Tuch weg. Das Kind läuft dem springenden Ball nach und bringt ihn zurück.
In der Gruppe: Die Kinder und Erwachsenen sitzen im Kreis und halten das ausgebreitete Laken mit den Händen fest. In der Mitte liegt ein leichter Ball. Die Gruppe bewegt das Tuch hin und her, auf und ab. Bei dem Wort „erwischt" hebt sie das Tuch in die Höhe, so dass der Ball durch die Luft fliegt und schließlich auf der Erde landet. Wer bringt ihn zurück?
Variation: Legen Sie mehrere Luftballons auf das Tuch.

Der Kuschelberg

Legen Sie viele – 10 und mehr – Kissen unterschiedlicher Größe und Beschaffenheit, Auflagen von Gartenliegen, Nackenrollen, Felle auf einen Berg. Nun können die Kleinen über die Kissen krabbeln, sich hineinfallen lassen, Kissen zu einem Turm übereinander stapeln oder hintereinander legen. Wie wäre es mit einer Straße aus Kissen, über die man gehen oder krabbeln kann? Zum Schluss werfen wir eine Decke über den Kissenberg. Wer kann ihn besteigen?

Rolle hin, rolle her

Spiele mit Bällen und Luftballons

Ideal fürs Kinderzimmer ist eine „Ballkiste", in der Sie Bälle unterschiedlicher Größe und Beschaffenheit sammeln (z. B. Tennisbälle, Wasserball, Gymnastikball, Softball …)
Vielleicht liegt in der Kiste auch ein Päckchen mit Luftballons, das Sie nach Bedarf hervorzaubern können.

Riesenspaß mit Riesenball

Riesenspaß haben kleine Kinder mit großen Sitzbällen. Legen Sie Ihr Kind bäuchlings darauf oder setzen sie es auf den Ball. Umfassen Sie dabei den Rumpf des Kindes. Nun bewegen Sie den Ball vorsichtig hin und her.

Rolle, rolle

„Rolle hin, rolle her!" … Kleine Kinder haben Spaß an Bällen. Sie und Ihr Kind sitzen sich mit gegrätschten Beinen gegenüber. Rollen Sie sich nun gegenseitig einen Ball zu.

Variation: Den Ball zunächst um den Körper herum und dann zum Gegenüber rollen … Den Ball sitzend mit den Füßen zum Partner stoßen … ihn in der Mitte einmal aufticken lassen … oder im Stehen den Ball rückwärts durch die eigenen Beine rollen.

Hündchen, Hündchen

Das Kind sitzt auf dem Boden und hält sich die Augen zu. Sie verstecken einen Tennisball irgendwo im Raum und sagen dann:

„Hündchen, Hündchen,
wo ist dein Knochen?"

Nun krabbelt das Kind los und sucht den Ball. Besonders reizvoll ist ein Rollentausch. Jetzt sind Sie der Hund und Ihr Kind versteckt den Knochen.

In der Gruppe: Alle Kinder sitzen im Kreis und halten die Hände vors Gesicht. Anschließend suchen sie gemeinsam den Knochen.

Ballrutsche

Legen Sie ein Bügel- oder Regalbrett auf eine Spielzeugkiste oder einen Stuhl. Nun können Kinder verschiedene Bälle oder andere Gegenstände, wie Murmeln, Spielzeugautos, Papprollen, herunterrollen lassen.

Softbälle für erste Ballspiele

Gut geeignet für erste Ballspiele mit Kleinkindern sind sog. Softbälle, die Sie in Sportgeschäften bekommen. Sie sind besonders weich und griffig und lassen sich leicht fangen. Man kann sie mit einem Trinkhalm aufpusten und die Luft ebenso wieder ablassen. So passt der Ball in jede Tasche.

Variation: Stellen Sie an das Ende der Rutsche einen Karton. Schon kullern die Bälle in ein Tor.

Glockenball

Stecken Sie einen kleinen weichen Kunststoffball in einen Strumpf. Verknoten Sie das Ende mit einem Band und hängen Sie mehrere Glöckchen daran. Wenn der Ball geworfen oder geschleudert wird, verursacht er Klingelgeräusche.

In der Gruppe: Alle Kinder sitzen im Kreis und schauen zu Boden oder halten sich die Augen zu. Ein Erwachsener oder ein Kind geht als Katze von außen um den Kreis herum. Alle sind mucksmäuschenstill.

Kritzekratze schleicht die Katze,
sag, wo ist die Maus zu Haus?

Nun fällt der Ball (Mäuschen) hinter dem Rücken eines Kindes auf die Erde. Hat das Kind ihn gehört? Schnell springt es auf, schnappt die „Maus" und darf nun selber als „Katze" um den Kreis herumlaufen.

Sandballons

Das ist keine Zauberei. Luftballons lassen sich formen wie Knete. Füllen Sie in einen Ballon Sand (bitte nicht aufpusten), und verknoten Sie ihn dann. Der Ballon lässt sich jetzt platt klopfen, in die Länge ziehen und zu lustigen Figuren verformen.

Variation: Die „Sandballons" eignen sich auch für Balancierspiele, die besonders den Gleichgewichtssinn der Kinder weiterentwickeln. Ihr Kind legt dazu einen mit Sand gefüllten

Ballon auf die Handfläche und bewegt sich im Raum, ohne dass er herunterfallen darf. Größere Kinder legen den Ballon auf den Kopf und gehen ganz aufrecht und vorsichtig.

Oder Sie füllen die Luftballons mit Reis und pusten die Ballons anschließend auf. Auf diese Weise erhalten Sie luftig leichte Spielzeuge, die beim Bewegen ein dumpfes Rascheln erzeugen. Besonders ganz kleine Kinder sind davon fasziniert.

Buntes Luftballonvergnügen

Wer kann einen Ballon auf einem Pappteller tragen, ohne dass er hinunterfällt? Mit den Papptellern kann man Luft fächern, so dass die Ballons ins Fliegen kommen. Oder die Kinder benutzen die Teller wie Schläger. Da kleine Kinder eine Vorliebe fürs Ein- und Ausräumen haben, können Sie das Spiel folgendermaßen variieren: Alle Kinder räumen die Ballons in eine Kiste oder in einen Sack. Nun darf ein Kind die Kiste/den Sack wieder ausleeren. Es kann sich dazu auf einen Stuhl stellen, so dass die Ballons von oben auf die Erde schweben. Gleich beginnt das Aufsammeln von neuem.

In der Gruppe: Sie können das Spiel auch mit einem akustischen Signal verbinden. Durch Klingeln, Klatschen oder ein ähnliches Zeichen sollen die Kinder ihr Ballonspiel unterbrechen und so viele Ballons wie möglich in die Kiste/den Sack tragen.

Wasser im Ballon

Stecken Sie zwei Luftballons ineinander. Nun füllen Sie den inneren Ballon mit etwa einem Liter Wasser und verknoten ihn fest. Blasen Sie den äußeren Ballon auf und verknoten Sie diesen ebenfalls. Diese gefüllten Ballons machen ganz unvorhersehbare Flugbewegungen.

5 Punkt, Punkt, Klecks und Strich

Kleine Kinder malen und werkeln

Bereits im 2. Lebensjahr greifen Kinder gern nach einem Stift und beginnen zu „schreiben" oder zu „malen", wie sie es bei den Großen sehen. Darüber hinaus entwickeln sie zunehmend Interesse an Materialien, mit denen man matschen und formen kann. Besonders „Backe-Backe-Kuchen-Spiele" im Sandkasten bereiten den Kleinen viel Vergnügen. Eltern, die eine solche Vorliebe bei ihren Kindern beobachten, werden ihnen Fingerfarbe, Knete und andere formbare Materialien anbieten. Für die Kinder geht es zunächst um die Materialerfahrung und noch nicht um sichtbare Ergebnisse. Oft zerstören Kinder ihr Produkt am Ende selbst und probieren gleich wieder etwas Neues aus.

Kinder sollten nach Herzenslust Materialien und Stifte ausprobieren. Sie können nichts „falsch" machen. Jedes Bild ist auf seine Weise schön und ein „Kunstwerk". Bestaunen Sie die Ergebnisse, egal ob Sie etwas Gegenständliches darin erkennen können oder nicht.

Fingerfarbe Marke „Eigenbau"

Selbst gemachte Fingerfarbe kann auch ohne Nebenwirkungen einmal verschluckt werden. Sie lässt sich ohne viel Aufwand herstellen.

Kochen Sie 1 bis 2 Päckchen klaren Tortenguss auf und lassen Sie ihn abkühlen. Teilen Sie die Masse in drei Portionen. Geben Sie in jede Portion eine andere Lebensmittelfarbe, Rot, Gelb, Blau. Nun kann Ihr Kind auf festem Papier erste Malversuche starten.

Fingerdruck

Setzen Sie auf jede Fingerspitze des Kindes einen kleinen Farbklecks (Fingerfarbe). Nun drückt das Kind jeden Finger (oder auch alle Finger zusammen) auf Papier. Dies kann man mehrfach wiederholen. Viele lustige Punkte tanzen über das Blatt.

Wer mag, kann die Kinderhand dick mit Fingerfarbe einstreichen und die Hand fest auf Papier drücken. Kann Ihr Kind den nächsten Abdruck schon alleine machen?

Schwamm-Bilder

Zerschneiden Sie alte Schwämme in verschiedene Größen. Mischen Sie Fingerfarbe mit Wasser in einer Schüssel und legen Sie ein paar Schwämme hinein. Nun kann mit den Schwämmen gestempelt, gemalt, gewischt werden.

Malseife

Malseife gibt es in manchen Spielzeuggeschäften oder Läden für Badezubehör zu kaufen. Man kann damit im Badezimmer auf dem eigenen Körper malen oder auch die Badewanne „anmalen". Hinterher kommt die Dusche und lässt alles wieder verschwinden.

Mini-Tafel

Geben Sie dem Kind ein Stück Karton. Besonders auf schwarzem Karton kann man mit weißer Kreide wolkenähnliche Gebilde kritzeln. Auch kleine Punkte können wie Schneeflocken übers Bild tanzen. Sie können das Kritzeln auch mit einem kleinen Spruch oder Wortspiel begleiten.

Kritzelspiele mit Stiften und Co.

Geben Sie Ihrem Kind ein großes Stück Papier (Packpapier, Tapete, Druckerpapier). Kleben Sie das Papier mit Klebeband auf dem Tisch oder auf der Erde fest. Auf diese Weise kann es nicht verrutschen. Geben Sie den Kindern möglichst dicke, weiche Stifte, die gut in der Kinderhand liegen, z. B. dicke Buntstifte, Wachsmalstifte oder auch Wachsmalblöcke. Kinder brauchen nicht viele verschiedene Farben. Meist reichen die Grundfarben.

Zauberbilder

Wenn das Kind ein „Kritzelbild" mit Wachsmalstiften gestaltet hat, so können Sie dieses Bild mit Wasserfarbe in ein „Gemälde" verwandeln. Nehmen Sie einen dicken Pinsel, tauchen Sie ihn in stark verdünnte Wasserfarbe und streichen Sie damit das Bild von oben nach unten ein. Dort, wo Wachsmalstift auf dem Papier ist, perlt die Farbe ab. Nur in den Zwischenräumen haftet sie. Auf diese Weise entstehen interessante Farbeffekte, die Kinder zum Staunen bringen können.

Zuckerkreide

Brechen Sie bunte Tafelkreiden in viele kleine Stücke und weichen Sie diese ein paar Stunden lang in Zuckerwasser (zwei Teelöffel Zucker auf eine Tasse Wasser) ein. Die Zuckerkreide hat eine besondere Leuchtkraft. Sie ist besonders weich und haftet ganz ohne Druck auf dem Maluntergrund.

Ist das Hexerei?

Legen Sie unter ein dünnes Zeichenblatt einen oder mehrere Gegenstände, z. B. Blätter, Wollfäden, Gräser. Nun fährt das Kind mit einem dicken Wachsmalstift (besser Wachsmalblock) mehrmals leicht über das Papier. Hokuspokus entstehen auf dem Papier seltsame Muster und Abdrücke.

Pustebilder

Ihr Kind malt viele Kleckse mit dem Pinsel oder einer Spritzflasche auf festes Papier. Nun darf es mithilfe eines dicken Strohhalms kräftig pusten. Aus den Klecksen entstehen nun feine Linien, die sich über das ganze Blatt ziehen.

Fingerfarben

Fingerfarbe können Sie in großen Flaschen einkaufen (Kaufhaus, Bastelgeschäft). Lesen Sie sorgfältig, ob sie wirklich für Kleinkinder geeignet sind. Füllen Sie die Farbe in kleine Schälchen oder in Schüsseln. So können die Kleinen bequem ihre ganze Hand hineintauchen.
Als Malgrund eignet sich: Tapetenrolle, Pappe o.ä. Als „Malkittel" schneiden Sie einfach die Ärmel eines alten Oberhemdes von Papa ab.

Heute bin ich mal ein Bäcker

Kneten, Formen und Gestalten

Beim Kneten und Formen wollen die Kleinen zunächst einfach nur matschen. Manchmal „zerpflücken" sie den Teig mit den Händen oder klopfen und schlagen ihn kräftig auf dem Tisch. Diese Phase ist wichtig, da die Kinder auf diese Weise erste Erfahrungen mit dem Material sammeln.

Mit Krimskrams aus der Kiste können kleine Kinder stundenlang spielen. Sammeln Sie Papier- und Pappschachteln, alte Jogurtbecher, Haushalts- und Toiletenrollen in einer Kiste. Sie ist eine wahre Fundgrube für Ideen.

Kleine Bäckerhände

Nicht nur im Sandkasten, auch drinnen in der Küche spielen Kinder Bäcker. Ideal für die Kleinsten sind Spielteige, die sogar einmal in den Mund wandern können, ohne allzu großen Schaden anzurichten. Für einen „Wolkenteig" vermischen Sie ca. drei Tassen Mehl, 2 Tassen Wasser und 2 Eßlöffel Öl. Dann kneten Sie die Zutaten kräftig in einer Schüssel durch. Diese Knete ist ohne Salz und deshalb schon für die ganz kleinen Bäcker geeignet. Darüber hinaus ist sie „butterweich" und kann ohne Mühe geknetet und geformt werden.

Haltbare Knete

Diesen Spielteig können Sie bis zu einem halben Jahr (luftdicht verpackt) im Kühlschrank aufbewahren. Sie brauchen: 400 g Mehl, 200 g Salz, 2 Eßl. Alaunpulver (Apotheke) oder 2 Teel. Weinsteinsäure, 0,5 l kochendes Wasser, 3 Eßl. Speiseöl, Lebensmittelfarbe (aus der Tube oder als Pulver). Verkneten Sie die Zutaten gründlich mit einem Handrührgerät. Ist die Masse noch zu trocken, kann Öl bzw. Wasser nachgegeben

werden. Damit die Knete ansehnlich aussieht, geben Sie zum Schluss noch Lebensmittelfarbe hinzu.

Förmchen und Co.

Rollen Sie den Knetteig („Haltbare Knete") mit einer Teigrolle zu einer nicht zu dünnen Platte aus. Geben Sie dem Kind Backförmchen zum Ausstechen (z. B. Sterne, Herzen, Kuchentiere).

Schon die Kleinsten finden Gefallen daran, die Förmchen in den Teig zu drücken. Die fertigen Figuren müssen einige Tage trocknen und können dann als Dekoration oder zum Kaufladenspiel verwendet werden. Man kann sie auch anmalen.

Naturbelassene Materialien

Achten Sie bei den ersten Farb- und Bastelspielen Ihrer Kleinsten auf naturbelassene Materialien. Verwenden Sie keinen Klebstoff mit Lösungsmitteln. Ersatzweise hilft für einfache Klebearbeiten oft Tapetenkleister.

Sandbäcker

Ideal ist Sand in Verbindung mit Wasser. Geben Sie dem Kind draußen im Sandkasten eine Gießkanne. Ein bisschen Wasser auf den Sand schütten und schon lässt er sich bestens kneten und formen. Kinder brauchen übrigens im Sandkasten nicht viel Spielzeug. Die Hände sind ein ideales Werkzeug. Steine, Stöckchen, Muscheln und Blätter können zur Verzierung von Kuchen und Sandburgen benutzt werden.

Wenn der Sand trocken und wie „Zucker" ist, so bieten Sie vielleicht folgende Idee an: Bohren Sie in Jogurtbecher mithilfe einer heißen Nadel einzelne Löcher hinein. Wenn das Kind nun trockenen Zuckersand hinein füllt, so rieselt er wie aus einer Dusche und lässt auf dem Sandboden interessante Gebilde entstehen.

Plastische Bilder

Kneten Sie einen dicken Teig aus Tapetenkleister, Wasser und Sand. Drücken Sie den Teig in eine flache Form, z. B. Dosendeckel oder Deckel eines Schuhkartons. Drückt man in diese Masse nun verschiedene Gegenstände (z. B. Steine, Muscheln, Knöpfe…), so kleben sie fest. Wichtig: Das Bild muss lange genug durchtrocknen.

Schlange zum Nachziehen

Lassen Sie vier, fünf Toilettenpapierrollen von Ihrem Kind bunt anmalen. Bohren Sie ein Loch durch zwei Rollen, verknoten Sie an dem Loch einer Rolle eine Schnur und fädeln Sie die anderen Rollen wie bei einer Kette auf. Verknoten Sie die Schnur an der Öffnung der letzten Rolle und lassen Sie die Schnur etwa 1 m überhängen.

Dampfschiff

Die untere Hälfte eines Eierkartons dient als Schiff. Zwei Papprollen (das Innere von Haushalts- oder Toilettenpapier) werden als Schornsteine in die Mitte geklebt. Watte kommt vielleicht als Rauch aus einem Schornstein. Ist das Schiff gebaut, kann es mit Fingerfarbe bunt angemalt werden. Nach dem Trocknen bohren wir ein Loch in die Vorderseite des Schiffes, befestigen einen Faden daran und binden das andere Ende des Fadens an eine Papprolle. Wenn das Kind nun den Faden mithilfe der Rolle aufwickelt, so setzt sich das Schiff in Bewegung.

Luftballonmännchen

Das Kind stellt die Füße dicht nebeneinander auf einen Bogen Tonpapier und Sie zeichnen mit Bleistift um die Füße herum. So haben Sie die Füße auf dem Papier „verewigt". Anschließend schneiden Sie (mit dem Kind) die Füße aus. Nun pusten Sie einen Luftballon auf, verknoten ihn und führen das verknotete Ende durch einen Schlitz zwischen den beiden „Papierfüßen". Nun noch schnell ein Gesicht auf den Luftballon malen oder kleben und schon ist ein „Stehaufmännchen" entstanden, das immer wieder auf die Füße fällt, selbst wenn man es hoch in die Luft wirft.

Fröhliches Mosaik

Papierreste, altes Geschenkpapier oder alte Zeitschriften sind ideal für die erste Collage der Kleinsten. Ihr Kind darf die Papiere nach Herzenslust in viele Schnipsel zerreißen. Jedes Schnipselchen wird mit Tapetenkleister eingestrichen und auf ein Blatt Papier oder Karton geklebt. Ein Geduldsspiel für geschickte Kinderhände. Wenn Sie Transparentpapier nehmen und Ihr Kind die Schnipsel auf Butterbrot- oder Architektenpapier klebt, haben Sie ein schönes Fensterbild fürs Kinderzimmer!

Klingende Becher

Das Kind füllt leere Jogurtbecher mit verschiedenen Materialien (Perlen, Reis, Kronkorken, Kastanien). Die Oberseite der Becher wird mit festem Pergamentpapier und Gummibändern geschlossen. Sie können auch über einen mit Perlen o. Ä. gefüllten Jogurtbecher einen zweiten Becher kleben. Auf diese Weise entsteht eine größere Rassel.
Variation: Sammeln Sie alte Filmdosen und füllen Sie diese mit Reis, Erbsen oder Sand. Sie sind besonders handlich für kleine Kinderhände. Die klingenden Becher eignen sich für Klang- und Geräuschspiele und sogar zur Liedbegleitung.

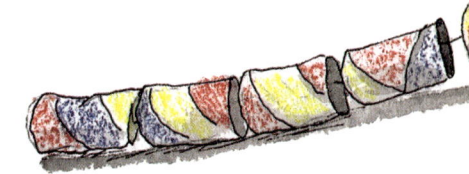

Nur keine Langeweile!

Spiele für Regentage und lange Stunden

Wer kennt das nicht? Lange Tage, die kein Ende zu nehmen scheinen. Draußen regnet es in Strömen. Drinnen gähnende Langeweile. Oder aber Sie sitzen endlos lange beim Kinderarzt im Wartezimmer. Oder Ihr Kind ist krank und muss eine Weile das Bett hüten. Vielleicht langweilt es sich auch bei einer längeren Autofahrt. Wie wäre es mit einer zündenden Spielidee, damit die Zeit im Handumdrehen vergeht? Spiele, die nur wenig Vorbereitung, Aufwand und Material erfordern und sicherlich Ihr Kind in den Bann ziehen.

Die kleine Raupe

Die kleine Raupe ist nie satt,
sie krabbelt auf ein grünes Blatt.
Sie frisst und frisst,
und wird ganz matt.
Da schläft sie ein auf ihrem Blatt.

Schlüsseltanz

Hei, wie ist die Welt so schön,
wenn die Schlüssel tanzen gehn.
Tanzen hin und tanzen her.
Tanzen ist ja gar nicht schwer.

Mit einem Schlüsselbund klappern und die Schlüssel hin und her bewegen.

Tanzen laut und tanzen leise,
tanzen fröhlich rund im Kreise.
Springen munter auf und ab.
Tanzen lustig klapp-klapp-klapp.

Laut und leise klappern, die Schlüssel im Kreis und anschließend hoch und runter bewegen. Mit den Schlüsseln auf den Schoß des Kindes patschen.

Legen Sie ein Taschentuch in die Handfläche und krabbeln Sie mit den Fingern einer Hand auf das Taschentuch. Deuten Sie Fressen an, bevor Sie die Hand zu einer Faust ballen.

Nach vielen Tagen,
welch ein Ding,
da wird aus unsrer Raupe
ein bunter Schmetterling.

Jetzt öffnen Sie die Faust, ergreifen das Taschentuch und lassen es als „Schmetterling" davonfliegen.

Zaubern

Legen Sie unauffällig in zwei leere Streichholzschachteln je einen kleinen Gegenstand (ein Geldstück und eine kleine Papierkugel). Nun breiten Sie das Taschentuch auf dem Schoß aus, legen eine der Schachteln darunter und sprechen bedeutungsvoll einen Zauberspruch:

Hokus, pokus, fidibus,
dreimal schwarzer Kater!

Während des Sprechens haben Sie aber die Schachteln vertauscht. Nun ziehen Sie das Tuch weg. Ihr Kind darf die Schachtel öffnen und nachsehen. Was ist denn das? Das Geldstück ist weg. Wo kommt denn jetzt die Papierkugel bloß her?
Variation: Sie legen einen Gegenstand aus Ihrer Handtasche direkt unter das Tuch. Dann lenken Sie das Kind ab, lassen den Gegenstand verschwinden und zaubern ihn anschließend wieder herbei.

Klitzekleines Zwerglein

Klitzekleines Zwerglein
stieg mal auf ein Berglein.
Rutschte aus,
ging nach Haus.
Schon ist die Geschichte aus.
Überliefert

Der Daumen klettert den Arm hinauf, rutscht ab und läuft über den Schoß nach Haus.

Dem Regen lauschen

Hören Sie gemeinsam mit Ihrem Kind, wie der Regen an die Scheiben prasselt. Nun suchen Sie im Haus nach Möglichkeiten, den Klang der Regentropfen nachzuahmen:

🔴 Trommeln Sie mit den Fingern auf Tisch und Stühlen.
🔵 Trommeln Sie auf einer Vorratsdose oder auf einem Kochtopf herum.
🟡 Trommeln Sie mit Wachsmalstiften auf Papier.
Verändern Sie Lautstärke und Tempo.
Auch Blitz und Donner kann man nachspielen und ebenso die Leute, die jetzt schnell nach Hause rennen.

Liebe Sonne

Liebe, liebe Sonne,
komm ein bisschen runter!
Lass den Regen oben,
dann wollen wir dich loben.
Einer schließt den Himmel auf,
kommt die liebe Sonn heraus.
Überliefert

Dosentürme

Auch ohne Bausteine kann man bauen. Mutters Küchenschrank ist eine Fundgrube für Haushaltsgeräte, die sich leicht zweckentfremden lassen. Geben Sie Ihrem Kind einige Gefäße (Dosen, Plastikbecher, Küchensiebe etc.), damit kann es viel anfangen. Es kann übrigens nicht nur in die Höhe bauen. Becher und Dosen lassen sich auch ineinander stecken und in einer langen Reihe nebeneinander aufbauen. Hier lernt das Kind auch spielerisch leicht Größenunterschiede kennen.

Wir warten

Was haben Sie in Ihrer Handtasche? Beim Kramen finden Sie Taschentücher, Kugelschreiber, Papier und Schlüssel, Schätze für ein kleines Spiel zwischendurch. Und selbst mit den eigenen Fingern kann man spielen. Das macht nicht nur Spaß, sondern fördert auch Konzentration und Sprachgefühl.

Zehn kleine Zappelmänner

Spiele für Warte- oder Genesungszeiten

Kleine Spielverse und Fingerspiele helfen dabei, lange Tage, lästige Warte- oder Genesungszeiten zu überbrücken. Da wird jede Pause zum Vergnügen. Die Fingerspiele sind auch für längere Autofahrten gut geeignet. Kleine Spiele mit einfachen Materialien, die in jedem Haushalt zu finden sind, können leicht vorbereitet werden. Sie vertreiben die Langeweile im Handumdrehen.

Zehn kleine Zappelmänner

Zehn kleine Zappelmänner
zappeln hin und her,
zehn kleine Zappelmänner
finden's gar nicht schwer.

Zappeln Sie mit den Fingern hin und her.

Zehn kleine Zappelmänner
zappeln auf und nieder,
zehn kleine Zappelmänner
tun das immer wieder.

Lassen Sie ihre Finger auf und nieder zappeln.

Zehn kleine Zappelmänner
zappeln ringsherum,
zehn kleine Zappelmänner,
die sind gar nicht dumm.

Zappeln Sie mit den Fingern im Kreis herum.

Zehn kleine Zappelmänner
spielen gern Versteck,
zehn kleine Zappelmänner
sind auf einmal weg.
Überliefert

Verstecken Sie die Hände hinter Ihrem Rücken!

Das Krokodil

Das Krokodil,
das Krokodil,
das sitzt ganz müd und faul am Nil.

Formen Sie mit der Hand das Maul eines Krokodils. Die andere Hand bildet eine Libelle.

Da kommt eine Libelle (sssss)
und rückt ihm auf die Pelle.
Das Krokodil muss niesen (hatschi),
Libelle muss es büßen.
Das Krokodil schnappt einfach zu (haps).
Es frisst das Tier
und schmatzt dazu (mmmmm).

Laut niesen, nach der Libelle schnappen, schmatzen und mit der Hand Kaubewegungen andeuten.

Ketten aufziehen

Ein 30 bis 60 cm langes Stück Blumendraht abschneiden und am Ende einen Knopf oder eine Perle befestigen. Nun können Knöpfe oder kleine Stücke von Trinkhalmen aufgefädelt werden.

Bimmel, bammel

Bimmel, bammel, bommel,
die Katze schlägt die Trommel.
Und die kleinen Mäuschen
tanzen in der Reih.
Und die ganze Erde
donnerte dabei.
Überliefert

Mit beiden Zeigefingern auf den Tisch trommeln. Dann alle zehn Finger wie Mäuse hin und her laufen lassen. Zum Schluss mit den Handflächen oder Fäusten laut auf den Tisch schlagen.

Verschwundene Hände

Meine Hände sind verschwunden,
ich habe keine Hände mehr!
Ei, da sind die Hände wieder.
Tra-la-la-la-la.
Ei, da sind die Hände wieder.
Tra-la-la-la-la!
Überliefert

Das Kind versteckt die Hände unter der Bettdecke oder dem Kopfkissen und lässt sie wieder auftauchen. Nach dem Auftauchen wird mit den Händen gewunken und geklatscht. Dann verschwinden sie wieder und das Spiel beginnt von Neuem.

Kranke Kinder

Kranke oder genesende Kinder überschätzen oft ihre Kräfte und Möglichkeiten. Sie wollen rasch wieder rennen und springen. Notwendige Ruhepausen lassen sich oft nur mit dem erhobenen Zeigefinger herstellen, und dies ist weder wünschenswert noch von langer Dauer. Wie wäre es mit kleinen Geduldsspielen, die sich leicht im Bett, auf dem Sofa oder im Kuscheleckchen spielen lassen?

Fädelspiel

Stanzen Sie viele Löcher in den Deckel eines Schuhkartons, rings um den äußeren Rand. Der Abstand zwischen den Löchern sollte ca. 2 cm betragen. Sie können ein Motiv, wie einen Baum oder einen Apfel, aufmalen und die Konturen durch eingestanzte Löcher hervorheben. Ihr Kind bekommt nun eine dicke Stopf- oder Webnadel mit einem ausreichend langen Woll- oder Bastfaden und soll durch Hoch- und Runterführen der Nadel das Motiv mit kleinen Steppstichen umnähen. Das Spiel ist etwa ab dem 3. Lebensjahr geeignet.

Knöpfe als Spielsteine

Ein Stück Filz oder Tuch in den Deckel eines Schuhkartons legen. Geben Sie unterschiedliche Knöpfe in eine Dose oder in ein Säckchen. Achtung: Je kleiner das Kind, desto größer sollten die Knöpfe sein, da sonst die Gefahr des Verschluckens besteht. Nun kann Ihr Kind die Knöpfe abwechselnd ausleeren und einräumen oder daraus Muster und Figuren legen. Wenn das Kind auf dem Boden oder am Tisch sitzen kann, wird es bestimmt auch gerne größere Muster aus Knöpfen, Murmeln, Steinchen legen.

Still und leise

Beruhigungsspiele für unruhige Kinder

Kinder zeigen uns recht deutlich, wenn sie nach einem anstrengenden Spieletag Ruhe benötigen. Vielleicht waren Freunde zu Besuch und es ging recht turbulent zu. Oder Sie hatten den ganzen Tag über Termine und das Kind musste im Eiltempo mit. Versuchen Sie zunächst, sich selbst zu entspannen. Ihre eigene entspannte Haltung überträgt sich auf Ihr Kind. Sprechen Sie mit Ihrem Kind leise und in ruhigem Tonfall. Wenden Sie sich Ihrem Kind liebevoll zu. Geben Sie Ihrem Kind sein Lieblingskuscheltier oder die Schmusedecke als Trost. Gehen Sie an einen ruhigen Ort, in ein ruhiges Zimmer oder in die Natur und lauschen Sie dem Wind, dem Bach oder dem Singen eines Vogels.

Ein Kinderhaus zum Verstecken und Kuscheln

Legen Sie ein Bettlaken über einen ca. 80 cm hohen Tisch. Wenn Sie mögen, schneiden Sie in das Laken ein Loch als Fenster hinein. Legen Sie weiche Decken, Kissen oder ein Schaffell in das kleine Haus. So hat Ihr Kind eine Möglichkeit, sich zurückzuziehen, zu entspannen und zu träumen.

Vogelstimmen

Lauschen Sie dem Klang einer Vogelstimme. Anschließend sprechen oder singen Sie den Vers und lauschen dann erneut auf den kleinen gefiederten Sänger.

Ein Vogel im Garten

Melodie: Kommt ein Vogel geflogen
Piept ein Vogel im Garten,
piept so lieblich und fein,
singt ein Liedchen zum Träumen,
für die Lea soll es sein.

Unsere Uhr

Auch im Zimmer kann man lauschen: Die Treppe knarrt, die Heizung blubbert, die Uhr tickt.

Tick-tack, tick-tack,
die große Uhr ist müd und schlapp.
Tick-tack, tick-tack,
die Maren schaukelt leis im Takt.

Nehmen Sie Ihr müdes Kind auf den Arm und stellen Sie sich mit ihm in die Nähe einer laut tickenden Uhr. Ideal ist eine Uhr mit Pendel. Lauschen Sie dem Klang der Uhr und beginnen Sie dann mit Schaukelbewegungen im Rhythmus der Uhrengeräusche. Sie können auch mit Ihrer Stimme ein beruhigendes, gleichmäßiges Tick-tack imitieren.

Stille, stille

Stille, stille, kein Geräusch gemacht!
Darum seid nur alle still,
weil der Peter ruhen will.
Stille, stille, kein Geräusch gemacht.
Überliefert

Singen oder sprechen Sie den Vers mehrmals hintereinander, sprechen Sie bei jeder Wiederholung leiser und leiser, bis Ihre Stimme kaum noch hörbar ist.
In der Gruppe: Alle sitzen im Kreis. Singen Sie den Vers mit der Gruppe betont leise. Setzen Sie bei Wiederholungen die verschiedenen Kindernamen ein: „ … weil der Dominik … die Mareike … der Fabian … ruhen will."
Variation: Wenn der Name des Kindes genannt wird, legt es sich zum Ausruhen auf die Erde oder kuschelt sich an Mutter oder Vater.

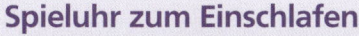

Der Wasserhahn

Tropf, tropf, Wasserhahn,
ich höre dir jetzt zu.
Tropf, tropf, Wasserhahn,
jetzt hab ich endlich Ruh.
Tropf, tropf, Wasserhahn,
du singst mir jetzt ein Lied.
Tropf, tropf, Wasserhahn,
jetzt werd ich still und müd …

Drehen Sie den Wasserhahn ganz wenig auf. Lauschen Sie gemeinsam mit Ihrem Kind dem Klang der herabfallenden Tropfen. Sprechen Sie den Vers und lauschen dann erneut den Wassergeräuschen.
In der Gruppe: Sie können das Lauschspiel vom Wasserhahn auch dazu verwenden, um Kindergruppen zum Hinhören und zur Ruhe zu führen. Trommeln Sie mit den Fingerspitzen auf einen Stuhl, eine Tischplatte oder auf den Fußboden. Besonders konzentrationsfördernd sind leise und langsame Bewegungen mit den Fingerspitzen.

Spieluhr zum Einschlafen
Die gute alte Spieluhr ist ein bewährtes Mittel zum Lauschen und Ruhigwerden. Man kann sie übrigens nicht nur vor dem Einschlafen einsetzen, sondern auch zwischendurch zur Entspannung.

Wiege, wiege

Sanfte Ruhe durch Bewegung

„Wind", indem Sie es über dem Kopf des Kindes langsam auf und nieder bewegen. Kann Ihr Kind die Berührungen und den leisen Wind genießen?

In der Gruppe: Alle Kinder liegen auf dem Boden. Zwei Erwachsene greifen ein Bettlaken und bewegen es über den Kindern auf und nieder. Wer kann dabei die Augen schließen, als würde er schlafen?

Wind, Wind, sause,
Wind, Wind, brause.
Der Wind, das ist ein wilder Mann,
der weht und pustet, was er kann …
Wind, Wind, sause …

Erfahrungen zeigen immer wieder, dass kleine Kinder durch monotone, gleichförmige Bewegungen zur Ruhe finden. Nicht umsonst schlafen Kinder bei Autofahrten zufrieden ein oder schlummern sanft, wenn sie im Kinderwagen, in einer Wiege oder einer Hängematte geschaukelt werden. Auch beim Tragen auf dem Arm, dicht am Körper von Mutter oder Vater, fühlen sich die Kleinen sicher und geborgen. Wiegen und Schaukeln stehen in enger Beziehung zum Gefühlsleben.

Alle schaukeln
Bäume schaukeln,
Busse schaukeln,
Gondeln schaukeln
hin und her.

Enten schaukeln,
Schiffe schaukeln,
schaukeln, schaukeln
auf dem Meer.

Du kannst schaukeln,
ich kann schaukeln,
alle schaukeln
kreuz und quer.

Schaukeln Sie Ihr Kind auf dem Schoß oder auf dem Arm.

Ein leiser Wind
Ihr Kind legt sich gemütlich auf eine Decke. Holen Sie ein Tuch herbei (Stoffwindel, Seidentuch o. Ä.) und streichen Sie mit dem Tuch über den Körper des Kindes. Nun machen Sie mit dem Tuch einen leichten

In der Gruppe: Alle sitzen im Kreis am Boden. Mutter/Vater und Kind sitzen paarweise zusammen. Das Kind befindet sich zwischen den gegrätschten Beinen des Erwachsenen. Dieser umfasst das Kind am Rumpf und schaukelt mit ihm von einer Seite auf die andere. Soll das Spiel beruhigend wirken, ist es wichtig, langsam zu sprechen und ebenso langsam und bewusst die Bewegungen auszuführen.

Schaukelkorb

In einen Wäschekorb legen Sie weiche Decken. Einsteigen zum Gemütlichmachen! Zwei Erwachsene nehmen nun den Korb mit dem Kind von der Erde hoch und schaukeln ihn im Gleichklang hin und her. Sie können dazu eine Melodie summen, ein Wiegenlied singen oder den folgenden Vers aufsagen. Statt des Korbes können Sie das Kind auch in einer Decke schaukeln, die Sie jeweils an zwei Enden greifen und dann sanft hin und her bewegen.

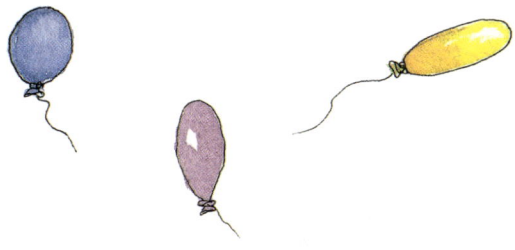

Sagen Sie den Spruch während des Schaukelns ganz langsam und ruhig. Setzen Sie anschließend das Kind vorsichtig wieder ab.

Schiffschaukel, Schiffschaukel,
wir fliegen übers Land,
Schiffschaukel, Schiffschaukel,
wir reichen uns die Hand.
Schiffschaukel, Schiffschaukel,
wir fliegen über Berge,
Schiffschaukel, Schiffschaukel,
wir treffen sieben Zwerge.
Schiffschaukel, Schiffschaukel,
wir fliegen übers Meer,
Schiffschaukel, Schiffschaukel,
das freut die Fischlein sehr.
Schiffschaukel, Schiffschaukel,
wir landen jetzt im Gras,
Schiffschaukel, Schiffschaukel,
das macht allen Kindern Spaß.

Die Gänschen

Suse, liebe Suse,
was raschelt im Stroh?
Die Gänschen gehen barfuß,
und haben keine Schuh.
Der Schuster hat's Leder,
keine Leisten dazu.
Drum gehn die Gänschen barfuß,
ohne Strümpfe und Schuh.
Überliefert

Variation: Auch zu diesem Spruch/Lied können Sie das Kind langsam schaukeln.

Mein Geburtstag

Der wichtigste Tag im Jahr

Kinder fiebern ihrem Geburtstag entgegen. Je älter sie werden, desto bewusster erleben sie diesen wichtigen Tag. Dieses Gefühl, im Mittelpunkt zu stehen und einen ganz besonderen Tag zu erleben, genießen schon die Kleinsten.

Rituale für Geburtstagskinder

• Singen Sie jedes Jahr ein bestimmtes Geburtstagslied, schmücken Sie den Raum auf eine bestimmte Art oder kochen Sie ein besonderes Lieblingsgericht Ihres Kindes.
• Gibt es etwas, was Ihr Kind besonders erfreut? Ein Schwimmbadbesuch? Ein Familienpicknick? Auf diese Weise begehen Sie den Ehrentag in vertrauter Familienrunde. Der turbulente Kindergeburtstag kann auch einige Tage später gefeiert werden.
• Mit älteren Kindern können Sie am Geburtstag Fotos und Erinnerungsstücke aus der Babyzeit angucken.
• Schön ist auch ein Geburtstagskasper. Er erzählt, wie groß das Kind schon geworden ist und was es im vergangenen Jahr alles erlebt und gelernt hat.

Aufstehen, dein Geburtstag ist heut!

Die Familienmitglieder schleichen sich leise ans Kinderbett, um das Geburtstagskind zu wecken. Mit einer Spieluhr, die ein Geburtstagslied spielt, oder mit einer brennenden Kerze in der Hand.

Hier ist mein Platz

Schmücken Sie den Sitzplatz des Kindes je nach Jahreszeit und persönlichen Vorlieben: den Essplatz mit Blüten, den Stuhl mit einer Girlande oder einer Traube Luftballons.

Schwimmender Kerzengarten

Eine große Glasschüssel mit Wasser füllen und – entsprechend dem Alter des Kindes – ein, zwei, drei oder mehr Schwimmkerzen hineingeben. Im Wasser, rund um die Kerzen, können dekorativ einzelne Blätter und Blüten oder winzige Schwimmtierchen und kleine Schiffchen schwimmen.

Wer spielt mit?

Wenn kleine Gäste kommen

Je jünger die Kinder sind, desto mehr schauen sie lediglich dem Spiel der anderen zu oder spielen neben einem anderen Kind. Ein richtiges Spielen miteinander findet meist erst im Kindergartenalter statt. Stellen Sie deshalb nicht zu hohe Erwartungen an Ihre Jüngsten. Für die Kleinsten sind schon wenige Anregungen oft ein großer Spaß.

Spiel zum Auspacken

Alle sitzen im Kreis. Ein Erwachsener oder ein Kind dreht eine Flasche auf dem Boden. Auf welches Kind zeigt der Flaschenhals? Dieses darf nun sein persönliches Geschenk überreichen. Ist dieses ausgepackt, beginnt das Flaschendrehen von neuem.

Krabbelgarten

Bauen Sie aus Matratzen, Kisten, Saftkästen, Paletten, Decken, Kartons eine Bewegungslandschaft. Ein leeres Planschbecken voller kleiner Bälle, Muscheln, Luftballons oder Papierreste wird zu einem Erlebnisbecken.

Spaß mit Seifenblasen

Seifenblasen sind ein Dauerbrenner bei den Kleinen. Die Kinder können versuchen, die Seifenblasen mit den Händen zu fangen. Besonderen Spaß machen Riesenseifenblasen.

Topf suchen

Stellen Sie einen Kochtopf im Zimmer oder Garten auf. Unter dem Topf liegt ein Preis.
Ein Kind soll nun den Topf suchen und darf dann mit einem Holzlöffel darauf herumtrommeln. Was ist darunter verborgen?

Fische angeln

Aus Moosgummi große Fische schneiden und mit einem Magneten aus dem Bastelgeschäft bekleben. Für die Angeln je ein Band an einen Stock knoten und am Ende des Bandes ebenfalls einen Magneten befestigen. Die Fische in eine Schüssel oder in ein Planschbecken legen. Jedes Kind erhält eine Angel und versucht, möglichst viele Fische aus dem Becken herauszufischen.

Es geht hoch her

- Sehen Sie dem Geburtstag möglichst gelassen entgegen. Wichtig ist nicht der perfekte Ablauf, sondern die persönliche Begegnung in gemütlicher Atmosphäre.
- Beginnen Sie das Fest mit einem Lied oder Fingerspiel.
- Auch für den Abschluss der Feier sollten Sie ein gemeinsames Ritual vorsehen.
- Kleine Kinder brauchen kein festgelegtes Spielprogramm. Je nach Situation und Stimmung improvisieren (Luftballons, Papierreste, Pappkartons, Seifenblasen bereithalten).
- Wenn sich die Kleinen aneinander gewöhnt haben und aufnahmebereit sind, können Sie ein Gruppenspiel anregen.

Die Jahresuhr steht niemals still

Es wird Frühling

Jeder Tag ist Spieletag. Dennoch ist kein Tag wie der andere. Die Jahreszeiten mit ihren Festen als besondere Höhepunkte können auch mit den Kleinsten erlebt und gestaltet werden. Gewohnheiten und Rituale prägen sich ein. Sie können im Laufe der Jahre vertieft und später dann auch verändert werden.

Wenn wir im Frühling mit kleinen Kindern nach draußen gehen, nehmen sie den Frühling mit all ihren Sinnen wahr. Ein Höhepunkt dieser Jahreszeit ist sicherlich das Osterfest. Alle Kinder finden es spannend, nach versteckten Ostereiern und kleinen Geschenken zu suchen.

Frühlingsgarten

Ein Stück Plastikfolie wird auf dem Schrank, dem Tisch oder der Fensterbank ausgebreitet. Ihr Kind legt eine Lage Watte darauf und streut anschließend Kressesamen darüber. Werden diese mehrmals vorsichtig mit der Sprühflasche befeuchtet, so sprießt schon nach wenigen Tagen eine frische grüne Wiese. Diese Wiese kann nun mit kleinen Topfpflanzen, Vögeln, Zwergen, Hasen und Ostereiern dekoriert werden.

Ratespiel

Ach, was sitzt denn da im Gras?
Ist das nicht ein kleiner Has?

Falten Sie ein Taschentuch in der Mitte und nehmen Sie es so in Ihre Faust, dass gerade zwei Zipfel herausschauen. Ziehen Sie nun beide Zipfel als Hasenohren heraus und lassen Sie den Hasen davonhüpfen.

Ostereier aus Papier

Wenn kleinen Kindern das Bemalen von Ostereiern noch schwer fällt, so schneiden Sie doch aus Papier oder Pappe große Eiformen aus. Nun kann Ihr Kind diese Papiereier mit Fingerfarben bunt anmalen. Die Eier werden dann mit einem dünnen Bindfaden versehen und in Zweigen aufgehängt. Man kann sie auch gut als Mobile von der Decke herabbaumeln lassen.

Osternest

Sammeln Sie gemeinsam mit Ihrem Kind bei einem Spaziergang Moos und Zweige. Binden Sie die Zweige zu einem Kranz zusammen, legen Sie das Gebinde auf einen großen Teller oder ein Tuch und geben Sie gemeinsam mit Ihrem Kind das gesammelte Moos hinein. Nun kann Ihr Kind dieses Nest mit Eiern und kleinen Ostergeschenken füllen oder mit Fundsachen aus der Natur schmücken.

Häschen in der Grube

Formen Sie aus Märchenwolle oder Watte einen kleinen Hasen. Formen Sie aus Ihren Händen eine „Grube" und setzen Sie den Hasen hinein.

Häschen in der Grube
saß und schlief,
saß und schlief.
Armes Häschen, bist du krank,
dass du nicht mehr hüpfen kannst.
Has hüpf, Has hüpf,
Häschen hat sich ausgehüpft.
Überliefert

Bei dem Stichwort „hüpfen" öffnen Sie die Hände. Ihr Kind nimmt den Hasen und hüpft mit ihm davon.

Henne Wenne

Im Hühnerhaus,
im Hühnerhaus,
in einem weichen Nest.
Da sitzt die Henne Wenne,
ganz oben auf der Tenne.

Beide Hände zeigen ein spitzes Hausdach. Dann formt eine Hand ein Nest, die andere eine Faust. Die Faust (als „Henne") in das „Nest" setzen.

Sie sitzt und sitzt,
und jeder fragt:
Was macht die wohl
den ganzen Tag?
Grad geht die liebe Sonne auf,
da hört man laut
„Tock-tock" im Haus.
Schon fliegt die Henne Wenne
herunter von der Tenne.

Mit beiden Händen die Sonne andeuten, die Henne aus dem Nest fliegen lassen und laut gackern.

Und in dem weichen, warmen Nest,
was liegt denn da?
War's Zauberei?
Ein wundersames Hühnerei.
Willst du es sehn?
Dann komm schnell her.
Ich hol es raus und schenk es dir!

Auf die Handfläche ein Hühnerei legen. Dem Kind das Ei in die Hand geben.

Osterhase, wo bist du?

Verstecken Sie einen Stoffhasen im Zimmer. Nun rufen Sie mit dem Kind gemeinsam: „Osterhase, wo bist du?" Das Kind geht suchend im Raum herum. Jedes Mal, wenn sich das Kind dem Hasen nähert, machen Sie ein deutliches Geräusch (scharren, klopfen usw.). Wenn Ihr Kind den Hasen gefunden hat, wird er an einem anderen Ort versteckt.
In der Gruppe: Alle Kinder sitzen im Kreis und rufen: „Osterhase, wo bist du?" Sie schwirren gemeinsam aus, um den Hasen zu suchen. Wer ihn gefunden hat, darf ihn das nächste Mal verstecken.

Pitsch, patsch, Wasserspaß

Der Sommer ist da!

Endlich findet das Spielen des Öfteren im Freien statt. Endlich können die Kleinen bei heißem Wetter nackt im Garten herumtollen. Ob sie sich im Planschbecken vergnügen oder sich mit Gießkannen, Bechern und Wasserschlauch patschnass spritzen: Wasser ist ein Riesenspaß für die Kleinsten. Darüber hinaus bieten auch Sand und Erde vielfältige Erfahrungsmöglichkeiten. Beim Matschen und Schmieren können sie nicht nur Material-, sondern vor allem auch angenehme Körpererfahrungen machen.

Spritzige Sachen mit Tüten

Füllen Sie verschiedene Plastiktüten mit Wasser. Schneiden Sie eine oder zwei Ecken mit der Schere heraus oder feine Löcher hinein.

In der Gruppe: Jedes Kind erhält eine Tüte und darf sich selbst oder die anderen Kinder so richtig patschnass spritzen.

Rutschige Sachen mit Tüten

Legen Sie auf einer Wiese, am besten auf einer leicht abschüssigen, einen Weg aus Plastiktüten und feuchten Sie ihn mit Wasser an. Ihr Kind rutscht über die glitschige Unterlage. Wichtig ist dabei die Hilfestellung eines Erwachsenen, da besonders bei ganz kleinen Kindern Verletzungsgefahr besteht.

Wasserbahn

Ein altes Stück Dachrinne oder Rohr wird so gelegt, dass eine Schräge entsteht, vom Rand des Sandkastens in den Sand hinein. Nun kann Ihr Kind mit einer Gießkanne Wasser hineinschütten und beobachten, wie das Wasser sich im Sand verteilt.

Interesse für die Natur wecken

Wenn Kinder selber einmal Gras oder Kresse in einem Blumentopf säen und das Wachstum beobachten, lernen sie wichtige Gesetze der Natur kennen. Viele Kinder „helfen" auch gerne im Garten. Geben Sie ihnen eine Harke, eine Schippe und ein kleines Beet. Dort können sie nach Herzenslust in der Erde wühlen.

Matschkuchen

Rühren Sie Tapetenkleister mit Wasser an. Füllen Sie den Kleister mit etwa der gleichen Menge Sand auf. Rühren Sie das Gemisch gut durch, füllen Sie es in ein großes Gefäß und stellen Sie es im Sommer nach draußen in den Garten oder auf den Balkon. Nun kann Ihr Kind in diesem Sandbrei nach Herzenslust matschen oder mit Förmchen und Löffel „Kuchen" backen, die nach einer Woche Trockenzeit fest werden.

Blütenteppich

Ihr Kind sammelt abgefallene Blüten oder pflückt Blütenköpfe auf einer wilden Wiese. Sehr wirkungsvoll sind auch Rosenblätter. Die Blüten bzw. Blütenblätter einige Tage trocknen lassen. Ihr Kind streicht ein großes Stück Papier mit Kleister ein und streut die Blüten darüber. Nach einer gewissen Trockenzeit entsteht so eine bunte Blumenwiese.

Schmetterlingstanz

Formen Sie aus einem Papiertaschentuch einen Schmetterling.

Schmetterling, du kleines Ding,
such dir eine Tänzerin.
Jucheirassa, jucheirassa,
oh, wie lustig tanzt man da.
Hei lustig, lustig wie der Wind,
wie ein kleines Blumenkind,
hei lustig, lustig wie der Wind,
wie ein Blumenkind.
Überliefert

In der Gruppe: Jedes Kind erhält einen Schmetterling in die Hand. Jeder Schmetterling sucht sich einen anderen Schmetterling und tanzt mit ihm zusammen.

Sonnenschutz

Achten Sie bei heißem Wetter auf ausreichenden Sonnenschutz: Sonnenschirm bzw. Sonnensegel, Sonnenhut und Sonnencreme mit hohem Lichtschutzfaktor.
Selbst gebastelter Sonnenschutz: Schneiden Sie aus Fotokarton ein gebogenes Oval („Bananenform"). Stanzen Sie an jedes Ende ein Loch und ziehen Sie ein Gummiband durch (Kopfgröße des Kindes beachten). Nun kann das Kind den Karton mit Fingerfarbe bemalen. Nach dem Trocknen beim Spielen – z. B. im Sandkasten – aufsetzen.

Wenn die bunten Blätter fallen

Spiele zur Herbstzeit

Die Tage werden kürzer, das Wetter schlechter. Kein Grund in den eigenen vier Wänden zu hocken. Beim Sammeln von Blättern und Kastanien oder beim Spiel mit dem ersten selbst gebastelten Drachen erleben die Kinder Natur und Wetter auf ganz neue Weise. In der schönen Laternen- und Lichterzeit erfahren Kinder die Faszination des Lichtes bei den ersten Laternenspaziergängen.

Wenn der frische Herbstwind weht

Wenn der frische Herbstwind weht,
geh ich auf die Felder.
Schicke meinen Drachen hoch
über alle Wälder.
Und der wackelt mit dem Ohr,
wackelt mit dem Schwänzchen.
Und er tanzt den Wolken vor,
hui, ein lustig Tänzchen.
Albert Sixtus

Geben Sie Ihrem Kind ein dünnes Tuch in die Hand. Das Kind schwingt dieses Tuch hin und her, wirft es in die Höhe und beobachtet, wie es langsam zur Erde zurückgleitet.
In der Gruppe: Jedes Kind bekommt ein dünnes Tuch in die Hand. Alle gehen im Kreis herum, lassen die Tücher flattern und tanzen.

Blätterwanne

In eine Kinderbadewanne oder ein aufblasbares Plantschbecken Blätter und eventuell Kastanien oder Eicheln füllen. Ihr Kind kann sich nach Herzenslust in der Wanne tummeln und dabei ganz neue, interessante taktile Erfahrungen machen. Wenn Sie die Wanne im Haus aufstellen, halten Sie nach dem Spiel Staubsauger und einen großen Müllsack bereit. Sie können den Fußboden auch vorher mit einer Plastikfolie abdecken.

Briefbogendrachen

Ihr Kind bemalt ein rechteckiges Stück Zeichen- oder Briefbogenpapier mit Fingerfarbe oder Wachsmalstiften bunt. Stanzen Sie anschließend mit dem Locher jeweils ein Loch auf die kurzen Seiten des Rechtecks und knoten Sie auf jeder Seite ein etwa 1 bis 1,5 m langes Stück Drachenschnur oder Garn daran fest. Die beiden Fäden am unteren Ende zusammenführen und sie an einen Stock knoten. Mit dem Stock in der Hand läuft das Kind nun durch den Wind und der Drache fliegt hinterher.

Blättergirlande

Ihr Kind fädelt mit einer Stopfnadel Herbstblätter auf eine lange Schnur, Zwirn oder Draht auf. Die Girlande kann als Herbstschmuck im Kinderzimmer aufgehängt werden.

Wurfkastanie

Diese Wurfspiele sind auch im Zimmer möglich. Bohren Sie mit einem Bohrer ein Loch in eine Kastanie und geben Sie etwas Klebstoff hinein, in den Sie dünne Krepppapierstreifen drücken. Nach kurzer Trockenzeit können die Kinder die Kastanie durchs Zimmer werfen und zusehen, wie schön sie fliegen kann.

Laterne, Mond und Sterne

Kinder lieben es, in der dunklen Jahreszeit mit Mutter und Vater einen Laternenspaziergang zu unternehmen. Wenn Ihr Kind schnell ermüdet, so nehmen Sie am besten den Kinderwagen mit. Daran kann der Laternenstock mit der Laterne befestigt werden. Übrigens: So sicher elektrische Laternen auch sein mögen, sie können nicht die Faszination von Kerzen entfalten. Schon kleine Kinder begreifen recht schnell, dass man Laternen vorsichtig behandeln muss.

Laternenspaß

Ein Frotteehandtuch ein- bis zweimal falten und darauf einen Gold- oder Silberfoliestreifen, den Sie nach Größe der Käseschachtel zuschneiden, legen. Nun kann Ihr Kind mit verschiedenen Gegenständen, wie Nagel, dünnem Bleistift oder Zahnstocher, Löcher in die Folie stechen. Die Metallfolie dann um eine Käseschachtel herumkleben und Kerzenhalter am Boden anbringen. Den oberen Rand mit einem Pappstreifen oder mit dem Deckelrand der Käseschachtel verstärken. Für eine Tischlaterne können Sie auch auf die Käseschachtel ganz verzichten und ein Teelicht verwenden.

Kastanien und Tannenzapfen

Gerade im Herbst lohnt es sich, hinaus in die Natur zu gehen. Sammeln Sie zusammen mit Ihrem Kind Kastanien und Tannenzapfen, aber auch kleine Stöcke und Zweige. Die halten sich das ganze Jahr über und Ihr Kind spielt damit in der Puppenküche oder im Kaufmannsladen.

Laternenlied

Laterne, Laterne,
Sonne, Mond und Sterne.
Brenne auf, mein Licht,
brenne auf, mein Licht,
aber nur meine liebe Laterne nicht.

Sie ist so schön,
sie ist so schön,
da kann man mit spazieren gehen.
In den grünen Wald,
in den grünen Wald,
wo der Jäger mit der Büchse knallt.
Piff, paff, puff!
Überliefert

Schneeflöckchen, Weißröckchen

Zur Winter- und Weihnachtszeit

Die Advents- und Weihnachtszeit ist mit kleinen Kindern ein besonderes Erlebnis. Diese Zeit ist voller Erwartung, Vorfreude und Spannung. Die Kerzen am Adventskranz und der Nikolaustag werden von den Kleinen besonders bestaunt. Jetzt wird gewerkelt und geschmückt. Überall im Haus duftet es nach Plätzchen und Tannenzweigen.

Hält dann der Winter Einzug, machen viele Kinder ihre ersten Erfahrungen mit Eis und Schnee. Schon die Kleinsten mögen es, den Schnee mit den Händen zu erforschen oder sich genüsslich hineinplumpsen zu lassen. Auf einem Schlitten mit Kindersitz geht es in munterer Fahrt durch die verschneite Welt.

Advent, Advent

Wir sagen euch an,
den lieben Advent.
Sehet, die erste (zweite, dritte …) Kerze brennt.
Wir sagen euch an,
eine heilige Zeit,
wartet auf Weihnachten,
macht euch bereit.
Freuet euch, ihr Kinder,
freuet euch sehr,
schon ist nahe der Herr.
Überliefert

Apfelmännchen Nikolaus

Bohren Sie in eine Walnuss ein Loch, stecken Sie ein Streichholz hinein und das Ganze auf einen Apfel. Legen Sie aus Krepppapier um den Apfel einen Umhang. Ein Dreieck aus Filz wird als Mütze auf die Nuss geklebt. Nun kann Ihr Kind der Figur noch einen Bart aus Watte ankleben und Augen auf die Walnuss malen.

Was seh ich da,
was hör ich da?
Wer kommt denn nun
des Wegs daher?
Sein Bauch ist dick,
sein Kopf ganz klein,
sein Bart ist lang,
wer kann das sein?

Lassen Sie den Apfelmann über den Tisch laufen. Zeigen Sie auf Bauch, Kopf und Bart des Männchens.

Ich glaub, das ist Herr Apfelmann,
der da stapft grad durch den Tann.
Oder ist es gar der Klaus,
dort drüben aus dem Nachbarhaus?
Nein, oh nein, das ist er nicht.
Der hier ist ein anderer Wicht.
Er bringt zur Weihnachtszeit die süßen Sachen,
die den Menschen Freude machen.

Zeigen Sie aus dem Fenster zum Nachbarhaus. Gehen
Sie mit der Figur zu Ihrem Kind und schenken Sie ihm
eine Nuss oder eine kleine Süßigkeit.

Apfel, Nuss und Mandelkern,
essen alle Kinder gern.
Schau, jetzt geht er in dein Haus
und leert seinen Sack wohl aus.

Sag, ist's nicht der... (Nikolaus?)

Weihnachtsschmuck

Im Bastelgeschäft bekommen Sie Platten aus Bienen-
wachs mit Wabenmuster. Mit Ausstechförmchen
drückt Ihr Kind Formen in die Platten. Die Sterne, Herzen und kleinen Tannen werden mit einem roten
Faden versehen und aufgehängt.

Eisfiguren

Füllen Sie Sandkasten-Förmchen mit Wasser.
Legen Sie einen Bindfaden hinein und stellen Sie
die Förmchen bei frostigen Temperaturen ins Freie.
Wie von Zauberhand sind nach einigen Stunden
lustige Eisfiguren entstanden, die Ihr Kind draußen
in Sträucher und kleine Bäume hängen kann.

Schneegestöber

Formen Sie gemeinsam mit Ihrem Kind aus Watte
einzelne dicke Flocken. Wir können einzelne
Flocken über den Tisch pusten. Wir können uns
auf einen Stuhl stellen und die Flocken nacheinander auf die Erde fallen lassen. Oder aber einzelne
Flocken auf ein schwarzes Stück Pappe kleben.
Das sieht wie ein richtiger Schneeschauer aus.

Eiskristalle

Mischen Sie je eine halbe Tasse Zucker und Wasser in einer kleinen Schüssel. Die Masse sollte nicht
zu flüssig sein (eventuell Menge des Zuckers
erhöhen). Wenn Ihr Kind nun mit dieser transpa-
renten Farbe an der Fensterscheibe malt, so entsteht nach dem Trocknen der Eindruck von Eisblu-
men und Kristallen am Fenster.

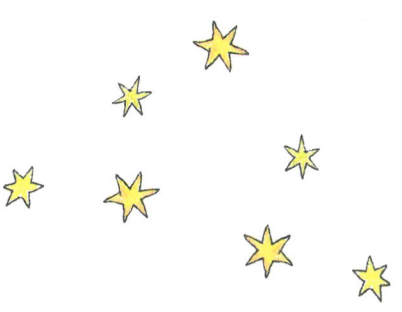

Brigitte Wilmes-Mielenhausen ist Erzieherin und Diplom-Pädagogin, hat viele Jahre als Fachbereichsleiterin an einer Familienbildungsstätte und in der Familienberatung gearbeitet. Sie ist ausgebildete Yoga-Lehrerin und beschäftigt sich mit

Bewegungslehre und Psychomotorik.
Von Brigitte Wilmes-Mielenhausen sind bei Christophorus und anderen Verlagen sehr erfolgreiche Bücher erschienen.

Julia Ginsbach ist Illustratorin und Mutter von fünf Kindern. Sie lebt mit ihrer Familie in Blaubeuren und arbeitet für den Kinderbuch- und Kinderbeschäftigungsbereich. Für Christophorus hat Julia Ginsbach das große Weihnachtsbuch „Weihnachtsduft liegt in

der Luft. Ein Ideenschatz für die ganze Familie" und „Das kunterbunte Kindergarten-Album" illustriert.

©2002 Christophorus-Verlag GmbH
Freiburg im Breisgau

Neu bearbeitete Ausgabe

Alle Rechte vorbehalten
Printed in Belgium

ISBN 3-419-53607-0

Jede gewerbliche Nutzung der Texte, Abbildungen und Illustrationen ist nur mit Genehmigung der Urheber und des Verlages gestattet. Bei Anwendung im Unterricht und in Kursen ist auf dieses Buch hinzuweisen.

Coverfoto: Ursula Markus

Illustration: Julia Ginsbach

Fotos:
Heidi Velten, Seiten 8, 10, 12, 17, 18, 20, 23, 25, 30, 34, 36, 46, 48, 50, 52, 54, 56, 58
Jutta Weser, Seiten 16, 32, 37, 38, 42, 55

Umschlaggestaltung und Layoutentwurf:
Uwe Stohrer Werbung, Freiburg

Layout und Gesamtproduktion:
Uwe Stohrer Werbung, Freiburg

Herstellung: Proost, Turnhout 2002

Hier zeigen wir Ihnen eine Auswahl unserer beliebten und erfolgreichen Bücher – und wir haben noch viele andere im Programm. Wir informieren Sie gerne, fordern Sie einfach unser Verlagsprogramm an:

3-419-**52933**-3

3-419-**52934**-1

3-419-**53432**-9

3-419-**53592**-9

3-419-**52918**-x

3-419-**53762**-1

Bücher für Erzieherinnen, Eltern und Kinder

Bücher für Eltern und Familie

Bücher für Kinder

Wir sind für Sie da, wenn Sie Fragen haben. Und wir interessieren uns für Ihre eigenen Ideen und Anregungen. Faxen Sie, schreiben Sie oder rufen Sie uns an.
Wir hören gerne von Ihnen!

Ihr Christophorus-Verlag

CHRISTOPHORUS

Hermann-Herder-Straße 4
79104 Freiburg i. Breisgau
Telefon: 0761 / 2717 - 268 oder
Fax: 0761 / 2717 - 352